新版

勲章と褒章

編集発行・全国官報販売協同組合
編集協力・内閣府賞勲局

はじめに

日本国憲法第7条には、天皇陛下の国事行為について定められています。その第7項には「栄典を授与すること」とあります。栄典とは何をさすのでしょうか。

法令用語辞典（学陽書房）によると、栄典とは「国家が特定の私人の栄誉を表彰するために、これに与える特別の待遇をいう。栄典制度の歴史は、各国とも相当古く、わが国においても、旧憲法では、栄典の授与を天皇の大権とし、爵、位、勲章及び褒章をその内容としていた。現憲法においても、栄典の授与は、天皇の国事に関する行為の一つである。……」とあります。

現憲法の下では爵の制度は廃止されたので、現在、天皇陛下から授与される栄典には、位階、勲章、褒章があります。位階は、聖徳太子の創設した冠位十二階の制度から発展してきた制度ですが、現在は死亡したときにのみ贈られることとなっていますので、本書では取り上げません。

功績を挙げた者に対してそれを表彰する方法としては、日本においてもまた諸外国においても、領地を与える、物を与える、感謝状を与えるなどの方法がとられてきました。しかしながら、より組織的に表彰する方法として、勲章という制度が作られていったのです。

あらゆる組織を動かしていくには、不正に対する罰則を定めると同時に、功績を挙げた場合にはそれを表彰することが不可欠です。これは国を統治する上でも欠かすことができません。一方で法律を定めて行動の規範を示すと同時に、良い行いがあった場合にはそれを褒める仕組みが必要となります。

明治6年、勲章の制度について検討を命じられていた左院からの上奏には次のように書かれて、勲章制度の導入の必要性について説明しています。

「人ノ勲功アルヤ爵以テ之ヲ崇フシ禄以テ之ヲ厚フシ且文詞ノ褒金帛ノ賜ヲ以テ之ヲ優渥ニス尚其足ラサルヲ恐ル……刑律以テ不法ヲ懲シ褒賞以テ有功ヲ勧ムレハ古今ノ常道イマ刑律ノ条日ニ備テ褒賞ノ典イマタ設ケス……」（功績のある人に身分を与えてこれを敬わせ、俸給を上げて手厚く処遇し、文章による表彰や金銭・布帛を与えて待遇を手厚くするだけでは足りないことを恐れる……刑罰を以って不法を罰し褒賞を与えてよき行いを勧めるのが昔からの道だが、今刑罰は整えられているが褒賞の制度がいまだ設けられていない……）

勲章制度は、フランスのレジオン・ド・ヌール勲章もそうですが、もともと軍人のためだけではなく、民間人も対象となるものでした。しかしわが国の勲章の実際の運用においては、軍人と官吏が中心であったことは否めません。

そこで現憲法の下においては、民主的な運用を図るということで、昭和39年に生存者叙勲が再開されたときに、閣議決定で「叙勲基準」を定め、官民の叙勲の基準を明示しました。しかしながら、その後も「官高民低」「男性優位」という批判がなされていました。これらの批判に対処するために栄典制度の大幅な見直しが行われ、平成15年秋から現在の制度となったものです。

それでは、日本の勲章・褒章の制度とその変遷、参考としての外国の勲章制度などについて見てみましょう。

新版　勲章と褒章　目次

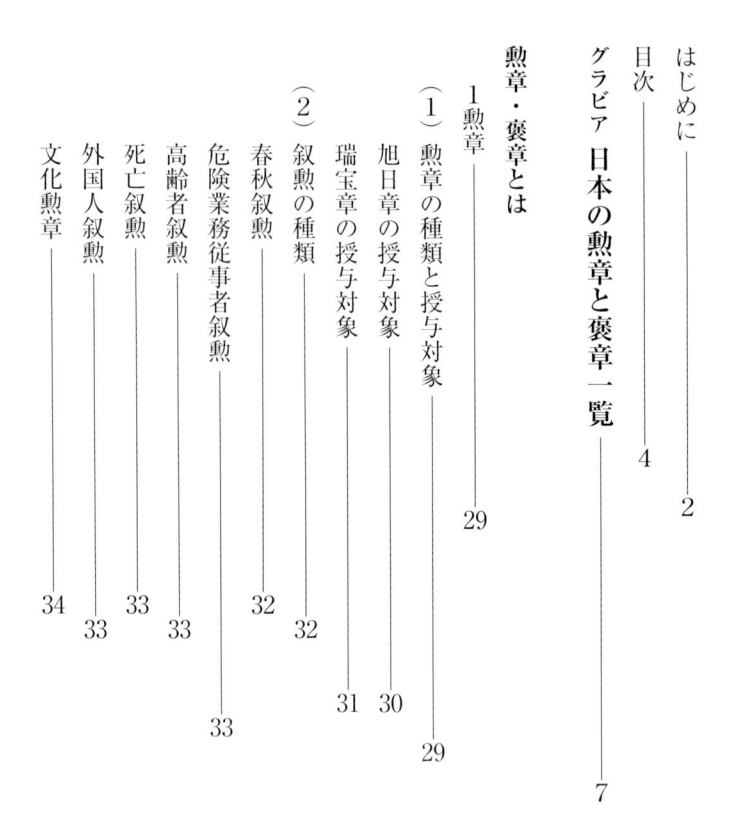

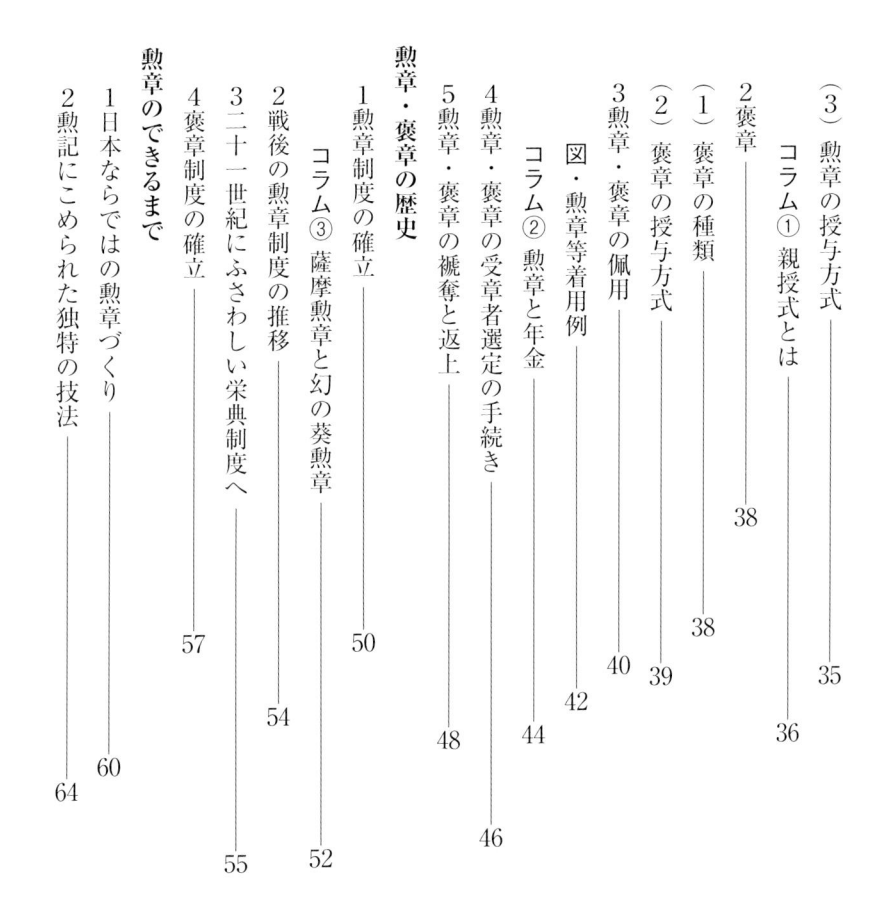

資料

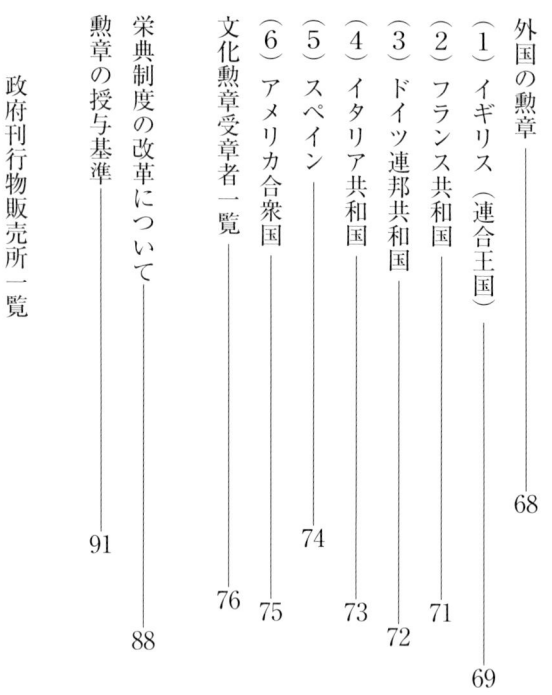

グラビア

日本の勲章と褒章一覧

勲章の種類と授与対象

<table>
<tr><th colspan="2">種　類</th><th colspan="2">授与対象</th></tr>
<tr><td colspan="2">大勲位《だいくんい》菊花章《きっかしょう》
大勲位菊花章頸飾《けいしょく》
大勲位菊花大綬章《だいじゅしょう》</td><td colspan="2" rowspan="2">旭日大綬章または瑞宝大綬章を授与されるべき功労より優れた功労のある者</td></tr>
<tr><td colspan="2">桐花大綬章《とうかだいじゅしょう》</td></tr>
<tr><td rowspan="2">旭日章《きょくじつしょう》
旭日大綬章《だいじゅしょう》
旭日重光章《じゅうこうしょう》
旭日中綬章《ちゅうじゅしょう》
旭日小綬章《しょうじゅしょう》
旭日双光章《そうこうしょう》
旭日単光章《たんこうしょう》</td><td rowspan="2">瑞宝章《ずいほうしょう》
瑞宝大綬章
瑞宝重光章
瑞宝中綬章
瑞宝小綬章
瑞宝双光章
瑞宝単光章</td><td colspan="2">国家または公共に対し功労のある者</td></tr>
<tr><td>旭日章
功績の内容に着目し、顕著な功績を挙げた者</td><td>瑞宝章
公務等に長年にわたり従事し、成績を挙げた者</td></tr>
<tr><td colspan="2">文化勲章《ぶんかくんしょう》</td><td colspan="2">文化の発達に関し特に顕著な功績のある者</td></tr>
</table>

※ 上記の他に、外国人に対する儀礼叙勲等の特別な場合に、女性のみに授与される勲章として宝冠章《ほうかんしょう》があります。
宝冠章は、宝冠大綬章《だいじゅしょう》、宝冠牡丹章《ぼたんしょう》、宝冠白蝶章《しろちょうしょう》、宝冠藤花章《とうかしょう》、宝冠杏葉章《きょうようしょう》、宝冠波光章《はこうしょう》の6段階に分かれています。

大勲位菊花章頸飾

Collar of the Supreme Order of the Chrysanthemum

大勲位菊花章はわが国の最高位の勲章であり、頸飾りがあるのは大勲位菊花章頸飾だけです。頸飾部分には制定された時の元号である「明」「治」の２文字を古《こ》篆《てん》字《じ》で飾り、菊の花と葉が配されています。

大勲位菊花大綬章

Grand Cordon of the Supreme Order of the Chrysanthemum

副章（右下）・略綬（左下）

勲章のデザインは国旗の日章を中心に光線（旭光）を配し、回りに菊花と菊葉を、鈕《ちゅう》（章と綬の間にあるもの）には菊花を用いています。旭光のデザインは「旭日昇天」の意気を示すと言われています。

桐花大綬章

Grand Cordon of the Order of the Paulownia Flowers

副章（右下）・略綬（左下）

勲章のデザインは日章を中心に旭光を配し、回りに桐花を、鈕《ちゅう》には桐の花葉を用いています。

旭日大綬章

Grand Cordon of the Order of the Rising Sun

副章（右下）・**略綬**（左下）

明治８年に我が国最初の勲章として制定されました。勲章デザインは日章を中心に旭光を配し、鈕《ちゅう》には桐の花葉を用いています。

旭日重光章

The Order of the Rising Sun, Gold and Silver Star

副章（右）・略綬（中）

旭日中綬章

The Order of the Rising Sun, Gold Rays with Neck Ribbon

旭日小綬章

The Order of the Rising Sun, Gold Rays with Rosette

※各勲章の左は略綬

旭日双光章

The Order of the Rising Sun, Gold and Silver Rays

旭日単光章

The Order of the Rising Sun, Silver Rays

※各勲章の左は略綬

瑞宝大綬章

Grand Cordon of the Order of the Sacred Treasure

副章（右下）・略綬（左下）

勲章のデザインは、古代の宝鏡を中心に大小16個の連珠を配し、四条ないし八条の光線を付し、鈕《ちゅう》には桐の花葉を用いています。

瑞宝重光章

The Order of the Sacred Treasure, Gold and Silver Star
副章（右）・略綬（中）

瑞宝中綬章

The Order of the Sacred Treasure, Gold Rays with Neck Ribbon

瑞宝小綬章

The Order of the Sacred Treasure, Gold Rays with Rosette

※各勲章の左は略綬

瑞宝双光章

The Order of the Sacred Treasure, Gold and Silver Rays

瑞宝単光章

The Order of the Sacred Treasure, Silver Rays

※各勲章の左は略綬

宝冠大綬章

Grand Cordon of the Order of the Precious Crown

副章(右下)・略綬(左下)

明治21年に瑞宝章と同時に制定されました。宝冠章は女性のみに授与され、デザインは古代の女帝の冠を模した宝冠を中心に、周囲には真珠と竹枝、桜の花葉を配しています。鈕《ちゅう》は古代宮廷女官の衣紋によったと言われる桐、牡丹、蝶、藤、杏、波紋を用いています。なお宝冠章は現在、外国人に対する儀礼叙勲等の特別な場合に限って運用されます。

宝冠牡丹章

The Order of the Precious Crown, Peony

宝冠白蝶章

The Order of the Precious Crown, Butterfly

※各勲章の左は略綬

宝冠杏葉章

The Order of the Precious Crown, Apricot

宝冠藤花章

The Order of the Precious Crown, Wistaria

宝冠波光章

The Order of the Precious Crown, Ripple

※各勲章の左は略綬

文化勲章

Order of Culture
略綬(左)

昭和12年に制定されました。勲章のデザインは、橘の五弁の花の中央に三つ巴の曲玉を配し、鈕《ちゅう》にも橘の実と葉を用いています。常緑樹である橘は平安京の頃から御所紫宸殿の南庭に植えられて「右近の橘」と称されたほど珍重されており、その悠久性、永遠性が、文化の永久性に通じることから、文化勲章のデザインに採用されたと言われています。

褒章の種類と授与対象

明治14年に紅綬、緑綬、藍綬の各褒章が制定され、大正７年に紺綬、昭和30年に黄綬、紫綬の各褒章が制定されました。デザインは「褒章」の二文字を桜の花で飾った円形のメダルで、綬の色により区分けされます。

種　類	授与対象
紅《こう》綬《じゅ》褒《ほう》章《しょう》	自己の危難を顧みず人命の救助に尽力した者
緑《りょく》綬《じゅ》褒章	自ら進んで社会に奉仕する活動に従事し徳行顕著である者
黄《おう》綬《じゅ》褒章	業務に精励し衆民の模範である者
紫《し》綬《じゅ》褒章	学術、芸術上の発明、改良、創作に関して事績の著しい者
藍《らん》綬《じゅ》褒章	公衆の利益を興し、成績著明である者または公同の事務に尽力した者
紺《こん》綬《じゅ》褒章	公益のため私財を寄附した者
飾《しょく》　版《はん》	すでに褒章を授与された者にさらに同種の褒章を授与すべき場合（銀飾版５個毎に金飾版１個を引き替え授与される）

緑綬褒章

Medal with Green Ribbon

紅綬褒章

Medal with Red Ribbon

紫綬褒章

Medal with Purple Ribbon

黄綬褒章

Medal with Yellow Ribbon

※各褒賞の左は略綬

紺綬褒章

Medal with Dark Blue Ribbon

藍綬褒章

Medal with Blue Ribbon

飾版（金）

Gold Bar

飾版（銀）

Silver Bar

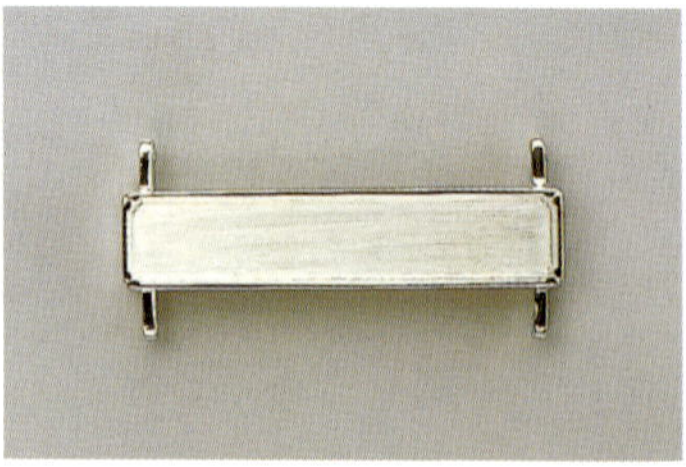

※各褒賞の左は略綬

杯の種類と授与対象

種　類	授与対象
銀《ぎん》　杯《ぱい》	勲章に替えて授与されるもの（菊紋）
木《もく》　杯《はい》	褒章条例に基づき授与されるもの（桐紋）

銀杯（一組・菊紋）

Silver Cups with the Chrysanthemum Crest
(Set of three)

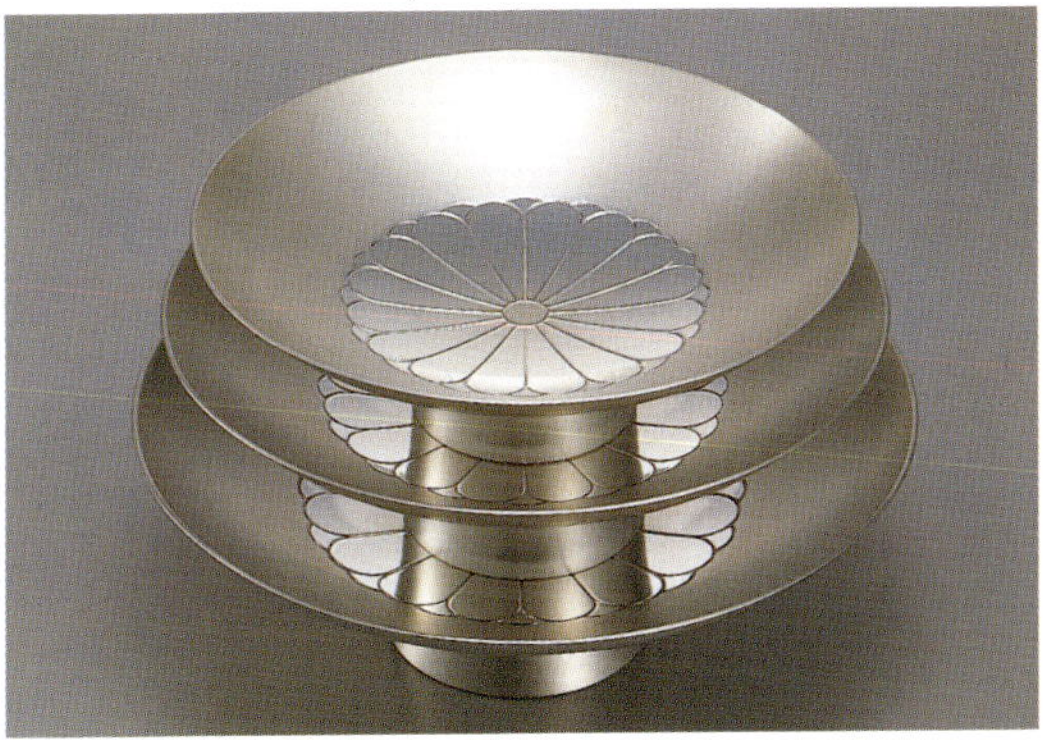

銀杯（桐紋）

Silver Cup with the Paulownia Crest
(Single)

銀杯（菊紋）

Silver Cup with the Chrysanthemum Crest
(Single)

木杯（一組台付・菊紋）

Wooden Cups with the Chrysanthemum Crest
(Set of three)

木杯（一組台付・桐紋）

Wooden Cups with the Paulownia Crest
(Set of three)

勲章・褒章とは

1 勲章

勲章、褒章は、大きな功績を挙げた方々を表彰する国の制度です。勲章、褒章は、日本国憲法第7条で天皇陛下の国事行為の一つとして定められている「栄典の授与」に当たります。現在、栄典の授与として行われているものに位階、勲章、褒章の授与があります。このうち位階は、功績のあった者が死亡した際にだけ贈られることとされています。そこで、ここでは勲章と褒章について紹介します。

(1) 勲章の種類と授与対象

日本の勲章は大きく分けて、大勲位菊花章頸飾、大勲位菊花大綬章、桐花大綬章、旭日章、瑞宝章、宝冠章、そして文化勲章があります。旭日章と瑞宝章は、それぞれ大綬章、重光章、中綬章、小綬章、双光章、単光章の6段階に分かれています。(8ページの表参照)

これらの勲章を授与される対象については、政令で定められていて、旭日章は「国家または公共に対して勲績ある者」に、瑞宝章は「国家または公共に対して積年の功労ある者」に与えることとされています。

勲章の具体的な基準は、「勲章の授与基準」(平成15年5月20日閣議決定)で定められています。

●旭日章の授与対象

「勲章の授与基準」によると、旭日章は「社会の様々な分野における功績の内容に着目し、顕著な功績を挙げた者を表彰する場合に授与するもの」とされ、三権の長を始めとして国及び地方公共団体の首長や議員として顕著な功績を挙げた者の他に、次の各号に掲げる者を表彰する場合に授与するものとされています。

①国際社会の安定及び発展に寄与した者
②適正な納税の実現に寄与した者
③学校教育または社会教育の振興に寄与した者
④文化またはスポーツの振興に寄与した者
⑤科学技術の振興に寄与した者
⑥社会福祉の向上及び増進に寄与した者
⑦国民の健康または公衆衛生の向上及び増進に寄与した者
⑧労働者の働く環境の整備に寄与した者
⑨環境の保全に寄与した者
⑩農業、林業、水産業、商業、鉱業、工業、情報通信業、建設業、不動産業、金融・保険業、サービス業等の業務に従事し、経済及び産業の発展を図り公益に寄与した者
⑪弁護士、公認会計士、弁理士等の業務に従事し、公益に寄与した者
⑫新聞、放送その他報道の業務に従事し、公益に寄与した者

⑬ 電気事業、ガス事業、運輸事業等の公益的事業に従事し、公衆の福祉の増進に寄与した者
⑭ 前各号に掲げる者以外の者であって、公益に寄与した者

●瑞宝章の授与対象

瑞宝章は「国及び地方公共団体の公務または次の各号に掲げる公共的な業務に長年にわたり従事して苦労を積み重ね、成績を挙げた者を表彰する場合に授与するもの」とされていて、
① 学校において教育または研究に直接携わる業務
② 各種施設において社会福祉に直接携わる業務
③ 医療または保健指導に直接携わる業務
④ 調停委員、保護司、民生委員など国または地方公共団体から委嘱される業務
⑤ 著しく危険性の高い業務
⑥ 精神的または肉体的に著しく労苦の多い環境における業務
⑦ 前各号に掲げるもののほか、人目に付きにくい分野における業務
が挙げられています。

大勲位菊花章頸飾、大勲位菊花大綬章、桐花大綬章は、旭日大綬章または瑞宝大綬章を授与されるべき功労より優れた功労のある者に対して授与することができるものとされています。

なお、功労を表彰する方法として、勲章を授与することより、銀杯または木杯を授与することがふさわし

いと認められる者には、勲章に替えて銀杯または木杯を授与することができるものとされています。以前は、旭日章は男子にだけ、宝冠章は女子にだけ、瑞宝章は男子にも女子にも授与されていました。平成15年の栄典制度の改革により、性別に関係なく旭日章、瑞宝章が授与されることとなり、宝冠章は、外国人に儀礼的に授与される場合、あるいは皇族に授与されるような特別な場合にのみ使用されることとなりました。

文化勲章は、文化の発達に関し特に顕著な功績のある者に授与されます。

(2) 叙勲の種類

勲章は、その授与される時期と対象により春秋叙勲、危険業務従事者叙勲、高齢者叙勲、死亡叙勲、外国人叙勲、文化勲章に分けることができます。

● 春秋叙勲

昭和21年5月3日の閣議決定により、生存者に対する叙勲は一時停止されていましたが、昭和38年7月12日の閣議決定により再開することが決定しました。

再開後第1回の叙勲は、昭和39年4月29日付で行われました。その後、毎年2回、春は4月29日付、秋は11月3日付で行われて、春秋叙勲として定着しています。春秋叙勲の対象となる者は、国家または公共に対し功労のある70歳以上の者（精神的、肉体的に労苦の多い業務、人目に付きにくい分野での業務については

55歳以上）を対象とし、授与人数は春秋ともに概ね４０００人です。

●危険業務従事者叙勲

自衛官、警察官、消防吏員、海上保安官、刑務官等、著しく危険性の高い業務に精励した者のうち、国家または公共に対し功労のある55歳以上の者を対象として、春秋叙勲と同じ、春は4月29日付、秋は11月３日付で、それぞれ概ね３６００人に授与されています。

●高齢者叙勲

春秋叙勲は、各回概ね４０００人程度であるため、功績がある者でも春秋叙勲で授与される機会がないままに高齢になる者がいることから、昭和48年6月から、これらの者が満88歳に達した日の翌月１日付で叙勲を行っています。

●死亡叙勲

叙勲に値する功績のある者が叙勲されないままに死亡された場合、生前最後の日付で叙勲を行っています。

●外国人叙勲

外国人に対する叙勲には、儀礼叙勲と功績叙勲があります。

文化勲章受章式を終えて記念撮影する受章者。左から、医化学・分子免疫学の本庶佑氏、日本文学・比較文学の中西進氏、書家の髙木聖鶴氏、電子工学の岩崎俊一氏、俳優の高倉健氏（平成 25 年 11 月 3 日　皇居にて）

儀礼叙勲は、国同士の儀礼として行われる叙勲で、国家元首等に勲章を贈与するものです。

功績叙勲は、①相互に勲章の授与を取り決めている国との間で行われるもので、離日する駐日外交官に授与するものと、②わが国に対して功績のある外国人に授与するものの2種類があります。

わが国に対して功績のある外国人への叙勲は、昭和56年以降、春秋叙勲と時期を合わせて年2回行われています。

● 文化勲章

文化勲章は、昭和12年に制定された勲章で、文化の発達に関し特に顕著な功績のある者に対して授与されます。発令日は11月3日の文化の日です。現在では文化功労者として顕彰されている方々の中から選ばれることとなっています。よく、文化勲章を授与されると年金が付くと言われていますす。しかし正しくは、文化功労者年金法に基づき文化功労者に年金が支給されていて、その文化功労者の中から文化勲章受章者が選ばれているので、文化勲章に年金が付いているわけではありません。

（3）勲章の授与方式

勲章は、旭日大綬章、瑞宝大綬章以上の勲章については、宮中において内閣総理大臣侍立のもとに天皇陛下から親授されます。重光章については、宮中で内閣総理大臣から伝達されます。中綬章以下は、各省大臣等から伝達されます。いずれの場合も、受章者は勲章を着用し、配偶者同伴で天皇陛下に拝謁を賜ることになっています。

文化勲章は、宮中において天皇陛下の御前で内閣総理大臣から伝達されていましたが、平成9年から、大綬章と同様に内閣総理大臣侍立のもとに天皇陛下から親授されることに改められました。

外国人叙勲については、従来は、外国に居住する方々に対しては、その国に駐在する大使から伝達されていましたが、平成18年秋の叙勲から外国人に対しても本人の希望により、日本人の大綬章受章者とともに、天皇陛下から親授されることも可能になりました。

コラム① 親授式とは

勲章の親授式（天皇陛下が直接勲章を受章者に渡す儀式）は、文化勲章、大勲位菊花大綬章、桐花大綬章、旭日大綬章及び瑞宝大綬章を受章者にお渡しする際に行われます。

式は宮殿松の間で行われます。松の間の玉座の前に天皇陛下がお立ちになり、内閣総理大臣、宮内庁長官、宮内庁式部官長、内閣府賞勲局長（平成13年の省庁再編以前は総理府賞勲局長）、内閣府賞勲局総務課長が侍立します。賞勲局長の前の小卓には受章者にお渡しする勲章を載せたお盆と勲記が置かれ、賞勲局総務課長の前のテーブルには、次に親授される受章者の勲章と勲記が置かれています。受章者は、松の間前の廊下に控え、一人ずつ宮内庁職員から名前を呼ばれて松の間に入ります。

受章者は、松の間に入ると、天皇陛下に一礼してから陛下の前に進みます。そして陛下の直前で再度お辞儀をします。賞勲局長から、お盆に載せられた勲章が内閣総理大臣に渡され、内閣総理大臣は天皇陛下に歩み寄り、勲章を捧げます。陛下は勲章を受け取り、受章者にお渡しになります。受章者は勲章を受け取り、一歩下がってから総理大臣の方へ向きを変え、進み出ます。内閣総理大臣は、賞勲局長から勲記を受け取り受章者にお渡しし、受章者は後進して陛下の御前に戻り、陛下に一礼し

平成25年11月6日の親授式で、天皇陛下から旭日大綬章を受ける御手洗冨士夫キヤノン会長兼社長。侍立するのは安倍晋三首相（宮殿松の間で）

てから向きを変え、松の間の出口まで戻り、陛下のほうへ向き直り一礼してから退出します。これで一人の受章者に対する親授は終わります。

そして次の受章者が入室する前に、次の受章者の勲章と勲記を賞勲局長の前に置く準備をするのですが、侍立者は「式典の間は彫像のごとく微動もしてはいけない」と教えられているので、前の受章者が陛下にお辞儀をして退出してから次の受章者が入室する前の短い時間に慌ただしく準備をしなくてはなりません。松の間は天井が大変高い部屋で、音がよく響きます。靴音もよく響くため、できるだけ音を立てないように作業をするのは大変に緊張します。筆者は、賞勲局総務課長及び賞勲局長として合計6年間親授式に侍立しましたが、一度だけ、受章者が陛下から勲章を親授された後、内閣総理大臣から勲記を受け取るのを忘れて退出しようとされたことがありました。呼びかけることもできずどうしようかと思ったときに、総理が小声で「勲記。勲記。」とおっしゃり、受章者も気がついて総理のほうへ進まれ、無事に勲記を受け取られたことがありましたが、ヒヤリとしたものです。

親授式が終わると、受章者は勲章を着けて配偶者とともに天皇陛下の拝謁を賜ります。受章者の代表から天皇陛下にお礼を言上し、陛下のお言葉があります。その後、受章者は晴天のときは宮殿東庭で、宮殿を背景に記念写真を撮り退出することになります（雨天のときは南溜の庇の下で撮影）。

大綬章親授式後の記念撮影（平成25年11月6日午前、宮殿東庭で）

2 褒章

褒章は勲章と同じく功績のある人を表彰するものですが、勲章との違いは、勲章はその人の生涯を通じての功績を総合的に判断して授与されるのに対し、褒章は特定の表彰されるべき事績があれば、その都度表彰されることです。

(1) 褒章の種類

褒章は、褒章条例（明治14年　太政官布告第63号）により定められていて、紅綬褒章、緑綬褒章、黄綬褒章、紫綬褒章、藍綬褒章、紺綬褒章があります。それぞれの褒章の授与対象者は次のとおりです。

紅綬褒章　自己の危難を顧みず人命の救助に尽力した者
緑綬褒章　自ら進んで社会に奉仕する活動に従事し徳行顕著である者
黄綬褒章　業務に精励し衆民の模範である者
紫綬褒章　学術、芸術上の発明、改良、創作に関し事績の著しい者
藍綬褒章　公衆の利益を興し成績著明である者または公同の事務に尽力した者
（公同の事務とは、保護司、民生・児童委員、調停委員等の公共の事務をいう。）
紺綬褒章　公益のため私財を寄附した者

すでに褒章を授与されている者が、さらに同じ褒章を授与される場合には、「飾版」という銀または金の

飾りを既に授与されている褒章の綬につけます。

褒章を受章すべき人が死亡した場合には、その遺族に褒状または杯を授与することにより、これを追賞しています。

褒章は、平成15年の栄典制度の改革の際に、「褒章については、社会の各分野における優れた事績、行いを顕彰するものとして、年齢にとらわれることなく速やかに顕彰すること」とされ、これにより、紫綬褒章については、オリンピックの金メダリスト等優れた成績を挙げた方が、若くても受章する事例が出てきています。

なお、褒章を授与される者が団体の場合には、褒章に替わり褒状が授与されます。

(2) 褒章の授与方式

紅綬褒章、緑綬褒章、黄綬褒章、紫綬褒章、藍綬褒章については、毎年春秋叙勲と同じ4月29日と11月3日付で授与されます。褒章は、各府省庁の長等から伝達され、受章者は配偶者同伴で天皇陛下の拝謁を賜ります。

紺綬褒章は、表彰されるべき事績が生じた都度授与されます。

遺族追賞についても、その都度授与されます。

3 勲章・褒章の佩《はい》用

勲章の着用の仕方については、「勲章等着用規程」（昭和39年総理府告示第16号、平成15年内閣府告示第11号一部改正）により定められています。

この規程では、勲章を着用する場合として「国、地方公共団体その他の公の機関の行う式典には、勲章等を着用するを例とする」と定められています。よく「勲章を着用する機会が無い」という声を聞きますが、公の式典には勲章を着用する慣習が定着してほしいものです。

以下に、この規程を引用してみましょう。

第3条　勲章等は、燕尾服若しくはローブデコルテ若しくはローブモンタント又はこれらに相当する制服に着用するものとする。ただし、大勲位菊花章、宝冠大綬章、桐花大綬章、旭日大綬章若しくは瑞宝大綬章の副章、宝冠牡丹章、宝冠白蝶章、宝冠藤花章、宝冠杏葉章、宝冠波光章、旭日重光章、旭日中綬章、旭日小綬章、旭日双光章、旭日単光章、瑞宝重光章、瑞宝中綬章、瑞宝小綬章、瑞宝双光章若しくは瑞宝単光章若しくは文化勲章、褒章又は記章を着用する場合には、男子にあっては紋付羽織袴若しくはフロックコート若しくはモーニングコート又はこれらに相当する制服に、女子にあっては白襟紋付又はこれに相当する制服に着用し、宝冠藤花章、宝冠杏葉章、宝冠波光章、旭日小綬章、旭日双光章、旭日単光章、瑞宝小綬章、瑞宝双光章若しくは瑞宝単光章、褒章又は記章を着用する場合には平服に着用することができる。

第4条　燕尾服に大勲位菊花大綬章、桐花大綬章、旭日大綬章又は瑞宝大綬章を着用する場合には、その正章を大綬をもって上着の下に帯び、副章は上着の上に着用する。

第5条　旭日重光章及び瑞宝重光章は、時宜により、副章の着用を省くことができる。

宮中晩餐会を終え、スペインのフアン・カルロス国王夫妻を見送られる天皇、皇后両陛下（平成20年11月10日　皇居にて）

第6条　左胸に着用する勲章、褒章及び記章をあわせて着用する場合には、勲章、褒章、記章の順序に着用する。

第7条　二種以上の勲章をあわせて着用する場合には、後に授与された勲章を、前に授与された勲章の上位に着用する。

第8条　二種以上の褒章又は二種以上の記章をあわせて着用する場合には、それぞれ授与された順序に着用する。

第9条　外国の勲章等を着用する場合には、それぞれその国の規則による。

以上が、勲章、褒章又は記章の着用方法ですが、具体的な着用方法を図で示します。

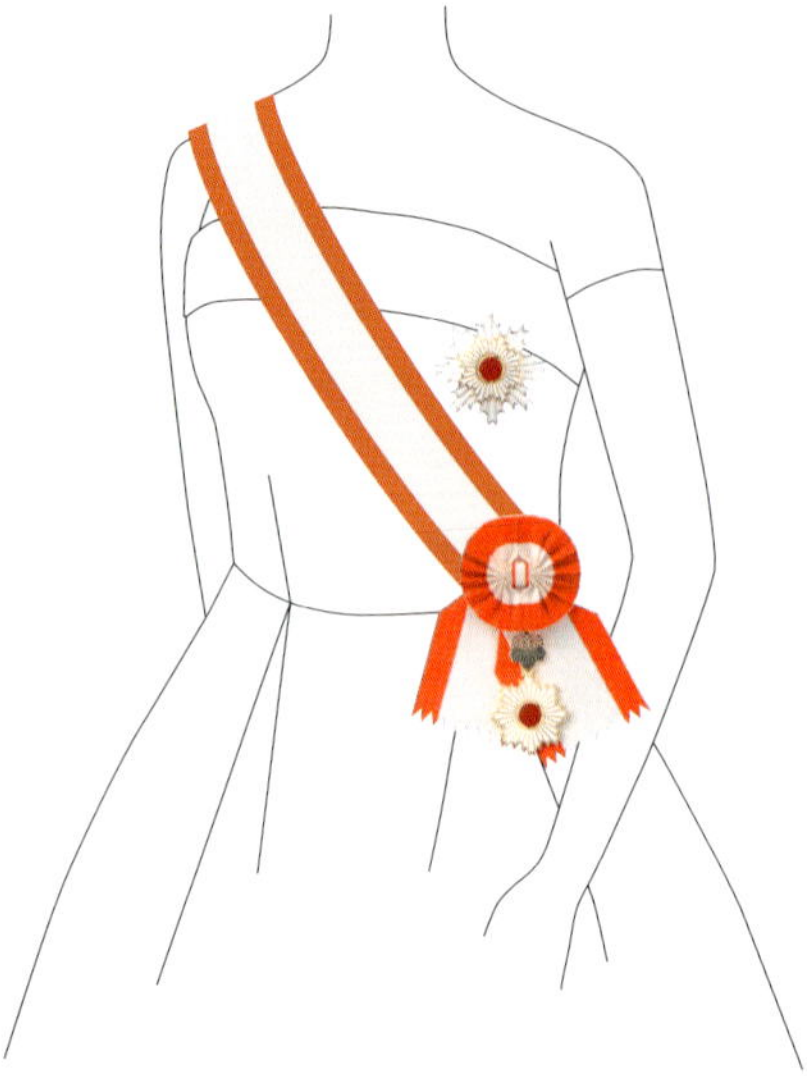

大綬章【女性】
（旭日大綬章の例）

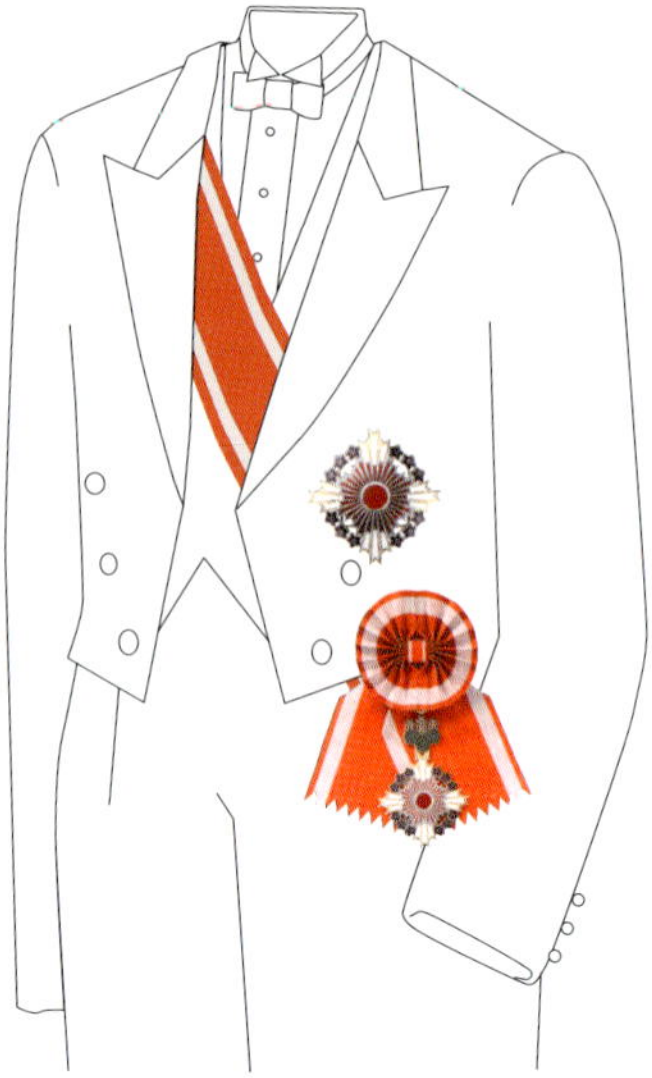

大綬章【男性】
（桐花大綬章の例）

中綬章【男性】
（瑞宝中綬章の例）

重光章【女性】
（旭日重光章の例）

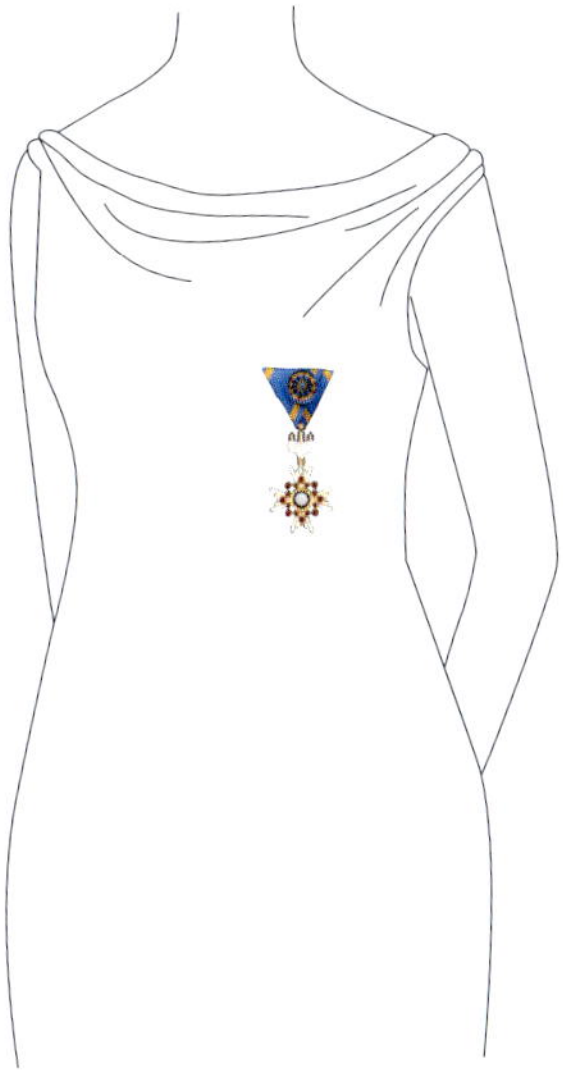

小綬章等の旭日章及び
瑞宝章【女性】
（瑞宝小綬章の例）

小綬章等の旭日章及び
瑞宝章【男性】
（旭日双光章の例）

複数の勲章等【男性】
（瑞宝小綬章と藍綬褒章の例）

褒章【女性】
（黄綬褒章の例）

コラム② 勲章と年金

勲章を受章することのメリットは何があるのでしょうか。

国家公共に対して功績を挙げて叙勲されることは、大変な名誉です。勲章を着用するあるいはその略綬を着用することにより、叙勲を受けていることを明示できることが勲章それ自体の意義ですが、勲章制度の創設当初は、受章者には年金も支給されていました。これは何故でしょうか。

明治時代、日本の勲章制度を検討する際には、各国の勲章制度が参考にされました。各国の制度では、功績により叙勲された者には年金が支給されている例が多く見られました。わが国でもこれに倣って、明治９年10月に「勲等年金令」が定められて、受けた勲章の勲等に従い、年金を支給することとしました。ここでいう勲章とは旭日章のことです。

この規定を見ると、勲一等は年額８００円、勲二等は６００円、勲三等は３６０円、勲四等は１８０円、勲五等は１２０円、勲六等は84円、勲七等は60円、勲八等は36円の年金を終身受けることができることとなりました。ちなみに、明治8年の『官員録』によれば、軍人の大将クラスで月俸５００円、大尉で月俸１００円だったとのことですから、かなりの年金だったことが推察されます。

この金額は、その後、勲等別の金額に幅を持たせたり、物価の変動に伴い引き上げられたりしています。大正４年には、それまで年金が支給されていなかった勲一等旭日桐花大綬章受章者にも年金が支給されることとなりました。軍人・軍属で武功抜群な者に授与される金鵄《きんし》勲章は、明治23年に制定されましたが、金鵄勲章受章者に年金が支給されることとなったのは、明治27年からです。

しかし金鵄勲章の年金も勲等年金も昭和16年に廃止され、以後の受章者には年金が支給されないこととなりました。さらに昭和22年５月３日施行の日本国憲法では、第14条第３項に「栄誉、勲章その他の栄典の授与は、いかなる特権も伴はない」と規定され、現在運用されている勲章制度には、年金その他の特典はありません。

　では、勲章のお手本であるフランスの勲章制度ではどうでしょうか。

　フランスでは１８０２年に軍人及び民間人のフランス国に対する功績に対して授与するものとして「レジオン・ド・ヌール勲章」が制定されました。受章者には、創設当初は全員に年金が支払われていましたが、現在では、戦争において功績を挙げて受章した軍人に対してのみ支払われるように改められています。金額は、シュバリエで年額40フラン（１フランは約30円）、グラン・オフィシエで１６０フラン程度と象徴的な金額に過ぎず、受けているほとんどの人が後述する帯勲者互助会に寄付しているそうです（平成13年、レジオン・ド・ヌール帯勲者互助会会長ヴォアザール将軍談）。

　一方、レジオン・ド・ヌール勲章の受章者が軍人の場合、その子どもは孤児になることが多かったことから、ナポレオン一世は受章者の子女のための教育機関の設立を指示しています。これにより、１８０７年に最初の教育学院が創設されました。現在は、サン・ドニと、レ・ロージュの２カ所に教育学院があり、レジオン・ド・ヌール賞勲局が管轄しています。この学院の入学資格は、レジオン・ド・ヌール勲章受章者の娘又は孫娘及びメリット勲章受章者の娘とされています。

　先に述べたように、レジオン・ド・ヌール勲章受章者には創設当初は人生の尊厳を与えることを目的として厚遇することとなっていた年金が、その後、象徴的な年金として極めて少額となってしまい、受章者やその未亡人が窮状に陥っていたことから、１９２１年にレジオン・ド・ヌール帯勲者互助会が設立されました。互助会は、会員の拠出金、寄贈並びに遺贈、互助会の販売収益その他イベントの収益を財源として、互助活動を行うほか、３カ所に宿泊所を持ち、長期、短期の滞在ができることとなっているそうです（レジオン・ド・ヌール賞勲局編「レジオン・ド・ヌール勲章―第３０００年紀の夜明けに際して」〈内閣府賞勲局仮訳〉による）。

4 勲章・褒章の受章者選定の手続き

勲章・褒章の受章者はどのように選ばれるのでしょうか。

春秋叙勲と危険業務従事者叙勲でそれぞれ概ね４０００人と３６００人、また、紅綬、緑綬、黄綬、紫綬、藍綬の褒章で概ね８００人の受章者が年2回選定されます。

これだけ大勢の受章者を内閣府賞勲局だけで選定することはできません。そこで国家公共に対して功績のある方々を特定の分野に偏ることなく、公平に選定するために、国の事務の各分野を担当している役所から推薦を受け、内閣府賞勲局が審査を行い、選定された候補者が閣議決定を経て受章者として発令されているのです（「勲章及び文化勲章各受章者の選考手続きについて」〈昭和53年6月20日閣議了解〉）。

候補者の推薦に当たるのは、春秋叙勲及び褒章にあっては衆議院議長、参議院議長、国立国会図書館長、最高裁判所長官、内閣総理大臣、各省大臣、会計検査院長、人事院総裁、宮内庁長官及び内閣府に置かれる外局の長（以上、各省各庁の長と呼ばれています。）です。各省各庁の長は、候補者を選考するに当たっては、地方自治体あるいは経済団体などの関係団体の意見を聞きながら選定を進めることになります。

危険業務従事者叙勲にあっては、著しく危険性の高い業務を所管する総務大臣、法務大臣、国土交通大臣、防衛大臣、国家公安委員会委員長が候補者を推薦します。

外国人叙勲については、外務大臣がわが国の政治・外交・産業経済・学術文化等の発展に功労のある者、その他国家または公共に対する功労のある者を選考して推薦しています。各省各庁の長は候補者としてふさわしい者がいる場合、関係書類を添えて外務大臣に意見を述べることができることとされています。

文化勲章については文部科学大臣が文化庁文化審議会に置かれている文化功労者選考分科会の意見を聞いて候補者の推薦を行います。

このように、国の各機関から候補者の推薦を受けるのですが、国の機関の視点で選定するだけでは個別の役所に関係する分野の功労者だけを探して、むしろ広範多岐にわたる功績のある方が推薦されない場合があること、人目につきにくい分野でコツコツと努力をされている人が見落とされている、などの指摘がありました。このことから、平成13年10月29日の栄典の在り方に関する懇談会報告書において、「各省庁、地方公共団体における候補者の選考に当たっては、従来の関係団体等からの推薦によるもののほか、例えば、一般国民からの推薦を受け付けるなどの仕組みも検討すべき」と提言されました。これを受けて、平成15年5月16日に「春秋叙勲の候補者としてふさわしい者の推薦要綱（一般推薦）」が決定されました。

この要綱では「春秋叙勲の候補者の選考にあたり、人目に付きにくい分野において真に功労のある者及び多数の分野で活躍し総合的に評価すれば国家又は公共に対する功労の大きな者等を把握するため、一般からの推薦を受け付ける」とされています。20歳以上の人は誰でも推薦者になることができますが、本人及び本人と2親等以内の親族関係にある者を推薦することはできません。また推薦する場合には、推薦書とその推薦に賛同する者2名の賛同書を内閣府賞勲局宛に提出することとされています。この推薦要綱及びその提出する書式は、内閣府のホームページに掲示されています。

http://www8.cao.go.jp/shokun/ippansuisen.html

5 勲章・褒章の褫《ち》奪と返上

勲章制度創設について建議した明治6年の左院の上奏の中に「…刑律以テ不法ヲ懲シ褒賞以テ有功ヲ勧ムルハ古今ノ常道イマ刑律ノ条日ニ備テ褒賞ノ典イマタ設ケス是レ人ヲ罰スルニ詳ニシテ人ヲ賞スルニ略ス而シテ可ナランヤ…」とあります。

信賞必罰は国を始めとする組織の運営上欠くべからざるものですが、賞と罰を同時に行うことがありうるかは問題です。わが国の制度では、勲章・褒章の対象にしようとする人が、刑罰を受けていたり、独占禁止法などの法律で一定の処分を受けているときには、その罰則の対象となったときから一定の期間は、勲章・褒章の対象としないという運用がなされています。

また、すでに勲章・褒章を受章している人が法律違反を犯し罰則の対象となった場合には、勲章・褒章を取り上げる場合もあります。「勲章褫《ち》奪令」（明治41年勅令第２９１号）により、勲章を有する者が死刑、懲役又は無期若しくは3年以上の禁固に処せられたときは、その勲章は褫奪せられたものとし、外国勲章はその佩用を禁止せられたものとしています。褫奪とは、勲章受章者である地位を剥奪することを言います。

また、勲章を有する者が①刑の執行を猶予されたとき、②3年未満の禁固に処せられたとき、③懲戒の裁判又は処分により免官又は免職せられたるとき、④素行修まらず帯勲者たるの面目を汚したるとき、は情状により、勲章を褫奪し外国の勲章の佩用を禁止されることとなっています。

文化勲章、褒章等についても同様の措置がとられます。

さらに、勲章・褒章等を受章している人が、勲章等を敬意を持って適切に受け継ぎ保管してくれる者がいない場合など特別の場合には、勲章等の返上の請願をすることができることとされています。

勲章・褒章の歴史

1 勲章制度の確立

明治政府の成立後、外国からの使節の来日や政府高官の外国視察などで、勲章の意義や価値が強く認識されてきました。

そこで明治4年9月、太政官の正院（政府）から左院（法令の審議機関）へ、賞牌及び従軍牌並びに褒牌の制式について下問がなされました。左院は、明治6年1月、勲章の図と大まかな仕組み（後の旭日章に当たるもの）を示し、制度を運用する組織の必要性を建議しています。この建議に基づき同年、政府は「メダイユ取調御用掛」を設置しました（メダイユはメダルの仏語）。

そして明治8年4月10日、「賞牌欽定の詔」及び「勲章従軍記章制定の件」（太政官布告第54号）により創始されたのが日本の勲章制度です。賞牌欽定の詔には、「朕惟フニ凡ソ国家ニ功ヲ立テ績ヲ顕ス者宜ク之ヲ褒賞シ以テ之ニ酬ユヘシ仍テ勲等賞牌ノ典ヲ定メ人々ヲシテ寵異表彰スル所アルヲ知ラシメントス汝有司其斯旨ヲ体セヨ」とあります。

このときに定められた勲章（創設当初は賞牌と呼ばれていた）は、平成15年に行われた栄典制度の改革以前の勲一等旭日大綬章から勲八等白色桐葉章までに相当するものでした。なお、明治9年11月、賞牌は勲章と改められています。

この後の変遷をみると、

- 明治9年　勲一等の上級として大勲位を設け、これに叙せられた者に授与する勲章として菊花大綬章を制定。
- 明治21年　女性を対象とする勲章として五等級の宝冠章、旭日大綬章の上級勲章として勲一等旭日桐花大綬章、八等級の瑞宝章、大勲位菊花章頸飾を制定。
- 明治23年　忠勇を奨励するために金鵄勲章を創設。
- 明治29年　宝冠章を五等級から八等級に改正。

勲章をつける連合艦隊司令長官東郷平八郎

- 大正8年　女性にも瑞宝章を授与できることとなった。
- 昭和12年2月　「文化ノ発達ニ関シ勲績卓絶ナル者ニ之ヲ賜フ」ものとして、単一級の勲章として文化勲章を制定。

となり、勲章制度が確立しています。

コラム③ 薩摩勲章と幻の葵勲章

日本国政府の定めた勲章は明治8年制定の旭日章が最初ですが、じつはそれ以前に、江戸時代の末に「勲章」と名乗ったものが存在しました。

慶応3年（1867年）にパリで開かれた第5回万国博覧会に、徳川幕府とは別に薩摩藩も参加していました。薩摩藩は、日本が幕府の統治の下にまとまっているのではなく、分割統治された藩の集合体であるという印象を与えるために、薩摩琉球国という文字と丸に十文字の島津家の紋章をあしらった「薩摩勲章」を、万博の開会式当日、ナポレオン三世を始めとするフランスの高官に贈りました。この勲章は好評を博し、薩

薩摩勲章（鹿児島市 尚古集成館所蔵）

摩藩に対する評価は高まったとのことです。薩摩勲章はフランスのレジオン・ド・ヌール勲章を見本としてパリで作らせたもので、現在、鹿児島市の尚古集成館に実物が保存されています。

とはいえ、幕府も駐仏公使からの報告などから、外交における勲章の役割の重要性については気付いていました。そこで幕府も勲章の検討を始め、図案まで検討していましたが、維新の混乱で実現には至りませんでした。徳川幕府が作ろうとした「幻の葵勲章」にまつわる資料は、パリ万博に徳川慶喜の名代として派遣された実弟の徳川昭武の関連資料館である戸定歴史館（千葉県松戸市）に収蔵されています。写真は残された図案を参考に、平成10年、松戸市が制作した「幻の葵勲章」です。

試作された幻の葵勲章（松戸市 戸定歴史館所蔵）

2 戦後の勲章制度の推移

わが国の勲章制度では、先の大戦終了まで、軍人に対する叙勲が多数行われていましたが、日本国憲法施行と同時に、金鵄勲章は廃止されました。

それにさかのぼる昭和21年5月3日、「官吏任用叙級令施行に伴う官吏に対する叙位及び叙勲並びに貴族院及び衆議院の議長、副議長、議員又は市町村長及び市町村助役に対する叙勲の取扱に関する件」が閣議決定され、官吏等に対する叙勲は、新憲法に基づく栄典制度の確立を見るまでは、外国人に対する叙勲と文化勲章を除き、生存者に対する叙勲が停止されました。

昭和28年9月、閣議決定で、生存者であって緊急に叙勲することを必要とする者については、叙勲を一部再開することとなりました。これは

親授式後の記念撮影で池田勇人首相（前列左から３人目）と話をする大勲位の吉田茂元首相（同４人目）
（昭和39年５月６日　皇居にて）

同年、西日本を中心として各地に風水害が発生し、これに対し、救難、防災、復旧に尽力した功労者が多数に上り、栄典制度活用の必要性が痛感されたことによるものです。

昭和38年までの間、歴代内閣により栄典制度の検討が試みられ、3回にわたり法案が国会に提出されましたが、いずれも成立には至りませんでした。しかし、国家再建に特別の功労のある人々に対する叙勲の必要性、また現行の勲章に対する内外からの高い評価を踏まえ、歴史と伝統のある従来の勲章を基本とした生存者に対する叙勲の早急な復活に向けた検討が行われたのです。

そして昭和38年7月12日、「生存者叙勲は、昭和21年5月3日及び昭和28年9月18日の閣議決定により、緊急を要するものを除いて、一時停止していたが、栄典制度に対する国民の期待その他の事情を考慮し、今回現行栄典制度による生存者叙勲を開始するのが相当である」との閣議決定がなされ、生存者叙勲の再開が決定しました。

この生存者叙勲再開の閣議決定に基づき、昭和39年4月21日、「叙勲基準」が閣議決定されました。これは、戦前の叙勲制度が、官吏及び軍人中心のものであったのに対し、日本国憲法の下では国民の各界各層を対象とする叙勲制度とするために、叙勲の基準を新たに定めたものです。

3 二十一世紀にふさわしい栄典制度へ

平成11年、自由民主党政調会長が、「勲一等、二等という数字序列を示すのは、褒賞制度としての叙位・叙勲にふさわしくないと思うので、21世紀にふさわしい栄典制度を検討すべきである」と発言しました。これにより、自民党内閣部会に「栄典制度検討プロジェクトチーム」が置かれ、平成11年12月から平成12年4月まで検討を行い、報告書をまとめました。

その後、自民党は与党各党に呼びかけを行い、与党内に栄典制度に関するプロジェクトチームを設置しました。プロジェクトチームは、平成12年4月から12月までに8回の会合を開き、「与党栄典制度に関するPT申し合わせ」をまとめました。この申し合わせは、

①栄典法の制定をめざす　②勲章については、数字による表示（勲○等）を廃止するとともに、大幅に簡素化する　③対象者については、官民格差、男女格差の是正を図るとともに、自己を犠牲にして社会貢献をなした者等に配慮する　④政治家（公選職）を受章対象とすることについて両論があり、見解の一致がみられなかった　⑤選考基準は栄典法令で定める――の5項目でした。

この議論と並行して、政府は、栄典制度の在り方に関する懇談会を設け、平成12年10月から平成13年10月まで8回の会合を行い、提言を内閣総理大臣に提出しました。

この提言を受け、政府内でさらに検討を行い、平成14年8月7日「栄典制度の改革について」（88ページ参照）が閣議決定されました。政府はこの決定を実施に移すため、新しい勲章の授与基準（91ページ参照）を平成15年5月20日に閣議決定し、平成15年秋の叙勲から新しい叙勲制度がスタートし、今日に至っています。

4 褒章制度の確立

褒章制度については、明治13年に賞勲局から、人命を救助した者、孝子など徳行に厚い者、公衆の利益を起こした者など、勲章で表彰する者とは異なる功績のある者には、外国の記章に倣って褒章の制度を作り栄誉を与えるべきであるとの意見が政府に上申されました。その後の動きは次のとおりです。

- 明治14年12月　太政官布告63号により「褒章条例」が制定され、翌15年1月から施行されました。このとき制定されたのは、紅綬褒章、緑綬褒章、藍綬褒章の3種類です。
- 明治23年5月　緑綬褒章の対象として、実業精励者で衆民の模範の者が加えられました。また、7月には藍綬褒章の対象として公同の事務に勤勉し労功顕著なる者が加えられました。
- 明治27年　藍綬褒章に「学術技芸上の発明改良著述」などに関する者が追加されました。
- 大正7年　公益のため私財を寄付した者に授与される紺綬褒章が制定されました。
- 大正9年　褒章により表彰されるべき者が死亡した場合には、遺族に褒状を贈るという遺族追賞の制度ができました。

さらに昭和30年1月、第21回国会で、褒章制度拡充に関する決議がなされました。大野伴睦議員外21名が提出したもので、その趣旨は、褒章条例は明治14年に制定された大変に古いもので、「勤労者、農業者あるいは芸術関係者等について十分な配慮が欠けている」ので、制度を拡充し、「勤労者、農業者の生産意欲の向上を期し、また文化国家の建設に寄与する」ことを図るべきである、とするものでした。

これにより、業務に精励し衆民の模範である者に授与される黄綬褒章と学術芸術上の発明改良創作に関し卓越した業績を挙げたものに授与される紫綬褒章が制定されました。これに伴い緑綬褒章の対象から実業に精励し衆民の模範である者が、藍綬褒章の対象から学術技芸上の発明改良著述に関するものが削除されました。

これらの褒章のうち、緑綬褒章は、「孝子順孫節婦義僕ノ類ニシテ徳行卓絶ナル者ニ賜フ」とされていることから、時代にそぐわないということで、昭和28年以降授与されたことがありませんでした。平成14年8月、「栄典制度の改革について」が閣議決定されましたが、その中で、褒章については次のように書かれています。

「褒章については、社会の各分野における優れた事績、行いを顕彰するものとして、年齢にとらわれることなく速やかに顕彰することを基本とし、次に掲げるような運用の改革を進め、積極的に活用する。

①従来運用されていない緑綬褒章をボランティア活動などで顕著な実績のある個人等に授与する。

②自己の危難を顧みず人命救助に取り組んだ者に対して、紅綬褒章の授与の要件を緩和して、幅広く授与する。

③黄綬褒章については、第一線で業務に精励している者で、他の模範となるような技術や事績を有する者を対象とし、受章者数の増加を図る。

④公衆の利益を興した者に対する藍綬褒章の選考に当たっては、他の模範となるような優れた業績が認められる者を対象とする。また、従来公同の事務とされている分野について運用の見直しを行い、勲章の対象との関係を整理する。

⑤紫綬褒章については、年齢制限を撤廃し、科学技術分野における発明・発見や、学術及びスポーツ・芸術分野における優れた業績等に対して、速やかに表彰する。」

これに伴い、緑綬褒章は「自ら進んで社会に貢献する活動に従事し徳行顕著である者」に授与されることとなり、ボランティア活動に長年活躍された方などが受章されるようになりました。また、年齢制限を撤廃したことに伴い、オリンピックで金メダルを取った選手等、若い人たちも褒章を受章するようになったのです。

石膏でつくられた原版の仕上げ作業（旭日章）。

勲章のできるまで

1 日本ならではの勲章づくり

日本の勲章はすべて、独立行政法人造幣局で製造されています。大阪城の北西に位置して、歴史を感じさせるどっしりとした建物が配置された造幣局の本局は、春には桜並木の「通り抜け」でもよく話題になります。造幣局は貨幣の製造を主要な業務としていますが、装金事業として、章はい類の製造は明治20年から、勲章や褒章等の製造は昭和初期から行ってきました。現在、造幣局には、勲章の制作と金属工芸品の製造を担当する技術者がおよそ１５０人います。

勲章の製造工程は概ね10工程ほどから

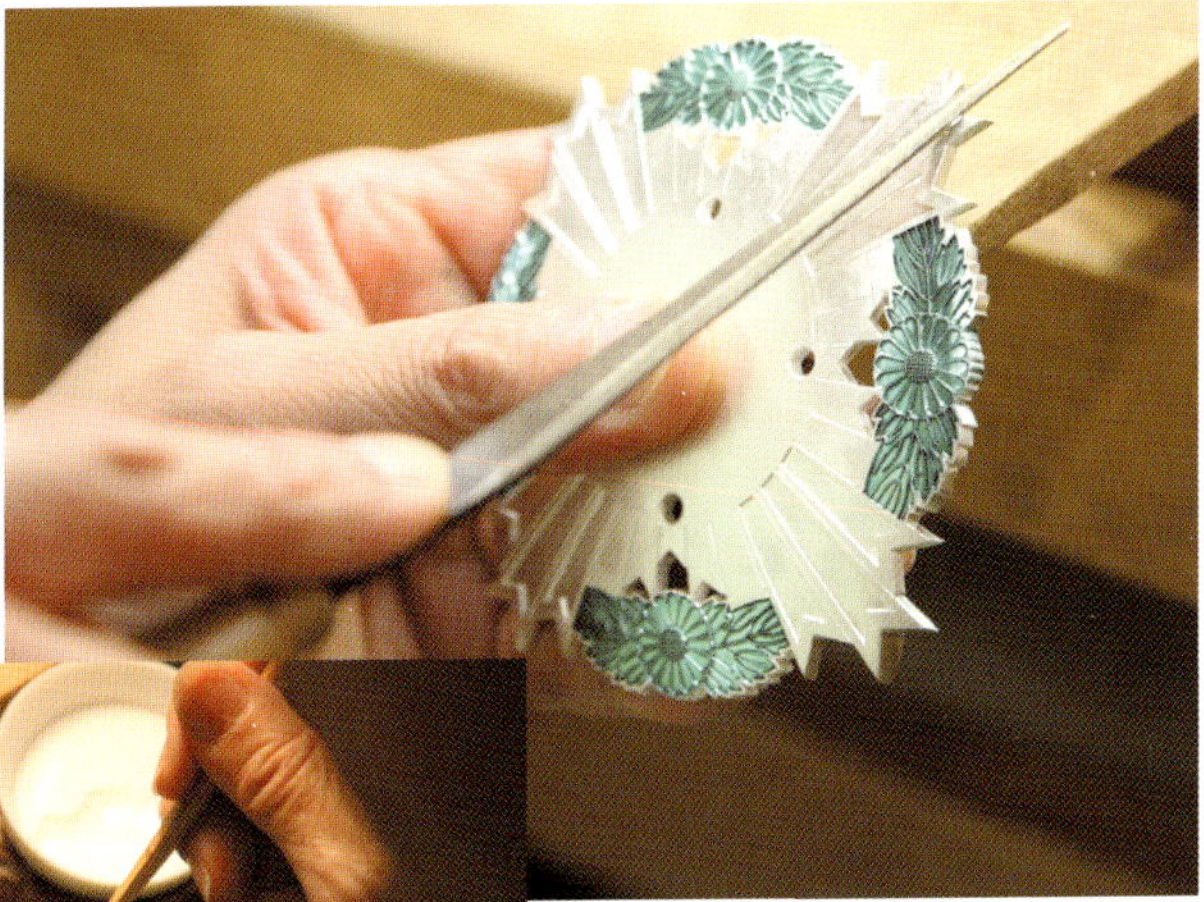

各種のヤスリを用いて章身を整える（大勲位菊花大綬章）。

微細な作業が必要な七宝の盛り付け作業（瑞宝章）。

なっています。

まず勲章の原図を基に「原版」をつくります。原版は実物の4~5倍の大きさで、石膏でつくります。この原版を縮彫機にかけ、原版の模様を原寸にまで縮小して鋼材に彫った「極印《こくいん》」をつくります。この極印を「プレス機（圧写機）」に取り付けて、地金から章身を打ち抜きます。プレスされた章身の形状を整えて仕上げるには、数種類のヤスリを用います。また勲章の部分によっては、糸のこで切り抜く作業も必要となります。

次に章身に色彩を施すために「七宝の盛り付け」作業を行います。これは釉薬を盛り付けて電気炉で「焼き付ける」作業を5回ほど繰り返します。その間に、ピンホールなどの傷が修正され、なめらかで深みの

光沢を出すために「羽布」を回転させて研磨する（旭日章）

勲章は熟練した匠の手業から生み出されている。

ある宝石のような輝きをもつ七宝の芸術品が生まれます。

さらに勲章の章身の表面の凹凸を無くして銀本来の光沢を出すために、木綿布を束ねた「羽布《ばふ》」と呼ばれる布を回転させて研磨することにより、勲章全体の輝きを生みます。その後、必要な部分に金メッキを加え、各種の部品を組み立てて勲章は完成します。

日本の勲章は、工芸的にも世界で高く評価されていると言われます。

それは精巧な金型技術、独自の七宝技術など、製造段階での優れた技術と高い品質とが可能にしているもので、巧みな職人技によるものです。例えば、「大

晴れて勲章になるために待機するパーツ。

勲位菊花賞頸飾」の頸飾部分の切り抜き作業や、「文化勲章」に施す七宝作業では、長い経験を持つ熟練した職員が細心の注意を払って製作に従事しています。このため、勲章の製作日数は、種類によっては完成までに何カ月もかかる場合があるとのことです。

こうした職人技は熟練度の高い職人さんが、現場でＯＪＴ（オン・ジョブ・トレーニング）により後輩に伝えて、技術の伝承が図られています。当然ながら、かつて勲章づくりで活躍した名職人が後年、育てた後輩たちが製作した勲章を受章した例もあるとのことで、その思いはひとしおだったのではないでしょうか。

ベースとなる色に次の色を重ねるために、ローラーで透明の接着剤を塗る。

5色目の金粉を塗り終え、微粉末をぬぐい去るところ。

2 勲記にこめられた独特の技法

勲章では勲記が、褒章では章記が受章者に授与されます。これら勲記用紙等の抄造、印刷を行っているのが独立行政法人国立印刷局です。

用紙はすべて神奈川県の小田原工場で抄造されています。原材料にはクラフトパルプとミツマタなどが用いられています。その工程は、まず原料の繊維を解きほぐし、原料に含まれるチリなどの異物を取り除いて精選し、原料繊維の絡み合わせを良くして、白土と呼ばれる白色粘土を調合して材料とします。次にこれを抄紙機にかけて勲記用紙にしますが、この段階で、ちょうど勲記の向かって右上部分に菊御紋の透かし模様が入れられます。この後、透かしの位

10色ほどを塗り重ねてから一つずつに分離。仕上がりが透けて見える。

置などが厳格に検査され、合格した用紙は※東京工場に送られて勲記や章記として印刷されます。

勲記、章記では、枠の中央部真上（天額部分）に菊御紋が印刷されています。大綬章以上の勲記では、この菊御紋が印刷とは思えないほど盛り上がって、格調のある金色になっていますが、これはまず金下刷りの後、純金粉を塗布、さらに空押し（浮きだし）を行ってつくりあげたものです。

勲記の枠の中央部真下には、当該の勲章の図柄（これは模型《もがた》と呼ばれます）が刷り込まれています。その印刷にはデカルコマニア（Decalcomania 移し絵印刷）と呼ばれる、極めて特殊な印刷技法が用いられています。これは特殊な糊を塗ってつくった移し絵用の転写紙に、必要とされる色を載

※平成26年4月から、滝野川工場と虎の門工場が統合し、東京工場になります。

勲記用紙に慎重に転写すると、鮮やかな旭日小綬章の絵柄が現れる。

せ、それを勲記用紙に移し絵として転写します。転写後に刷毛で水分を与えて、しばらくしてから転写紙をはがすと、目的の位置にピタリと色が定着しています。ちなみに、転写紙には一色ずつ印刷していくのですが、一度印刷すると1日かけて乾燥させるため、多い模型では10回ほど各色の印刷作業を繰り返して、つまり10日がかりで刷り上がることになります。この一連の作業はすべて手作業で行われますが、刷り位置のズレなどが生じないのはさすがの熟練業です。

　実物の勲章で金色の部分には、移し絵でも金粉が使用されます。また勲章の中央の円形の赤色部分などは、赤色を二度刷ります。この結果、印刷にしては肉厚で実際の勲章に極めて近い、奥深い色調が醸されて

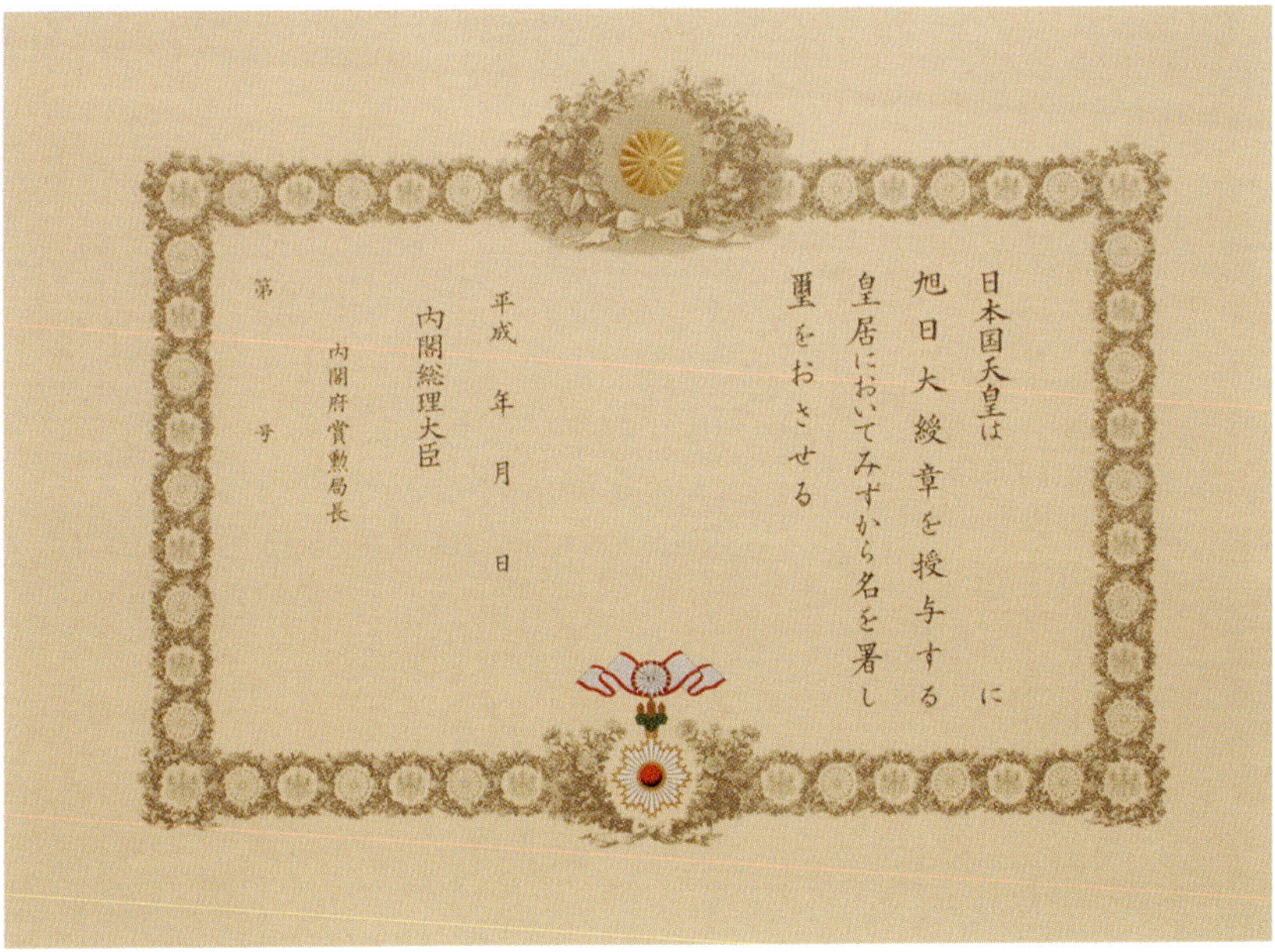
日本国天皇は
に
旭日大綬章を授与する
皇居においてみずから名を署し
璽をおさせる
平成　年　月　日
内閣総理大臣
内閣府賞勲局長
第　号

旭日大綬章の勲記用紙

菊御紋部分は空押し（浮きだし）して、
純金粉が塗布されている。

いるのです。

１００年ほど前にヨーロッパで生まれたというデカルコマニアの印刷技法を、今日でも脈々と伝えるのが、国立印刷局の東京工場です。ここはお札（日本銀行券）製造など高度な印刷業務が主力で、デカルコマニアのようにすべてが手作業の伝統技法は極めて特殊な存在ですが、今後ともこの技術を絶やすことなく伝承していきたいとのことでした。

資　料

外国の勲章

勲章は西ヨーロッパに発祥した制度で、12世紀、十字軍の遠征に際して、聖地エルサレムに設立された宗教騎士団（order）の標章に由来します。英語で勲章または勲位をorderと表記するのはそのためです。

イギリスの勲章制度は１３４８年、エドワード三世がガーター勲章を創設したのが最初でした。ガーター勲章は、勲功のあった者を名誉としてガーター騎士団に加えることを意味しました。このため、勲章のランク表示には、騎士の階級名が反映されています。例えば、フランスのレジオン・ド・ヌール勲章でも、上から、大綬、大士官、指揮官、士官、騎士の5階級となっていて、大綬を受けている者のうち特別の者に頸飾（貴金属でこしらえた首飾りで勲章を喉下に飾るもの）が授けられることとなっています。

こうした経緯を反映して、多くの他の国の勲章も5階級が一般的となっています。中には階級のない単勲等のもの、大綬、中綬、小綬の3階級のものもあります。日本は、明治時代に創設されたときは8階級でしたが、現在は6階級になっています。

昭和61年、総理府賞勲局は、比較社会学研究所に委託して、外国の勲章制度について調査を行いました。この調査は、平成元年3月に報告書としてまとめられました。

この報告書によると、在外公館を通じて１０７カ国について調査し、98カ国から回答がきています。この中で「勲章制度が無い」と報告された国は、イラン、中華人民共和国、トルコ、ウルグアイ、コスタリカ、アイルランド及びスイスの7カ国でした。中華人民共和国については、「解放軍には、革命に功労のあった者に対する叙勲が存在するが、基本的には勲章制度はない」とのことでした。

それでは主な国の勲章について見てみましょう。（各国の勲章名は仮訳です）

（1）イギリス（連合王国）

イギリスは民主政体の枠組みの中で、君主制、貴族階級、勲爵士及び騎士団を歴史の所産として保持してきました。しかし１９９３年、メージャー首相は、一定の地位にある者に自動的に栄誉を与えるそれまでの慣行をやめ、功績に基づいて多くの人々を栄典の対象とするように改めました。英国民に対する叙勲は、年2回、1月1日と6月の女王の公式誕生日に発表されます。

現在、英国における栄典（叙勲）には次のものが入ります。

(1)一代貴族（Life Peers）　女王により定期的に制定される一代限りの貴族の爵位。

(2)准男爵の爵位（Baronetcies）　世襲可能で、男性相続人に相続されます。

(3)ナイトの爵位（Knighthood）　特定の騎士団に属さない下級騎士と騎士団に属する騎士に分かれます。

ナイト爵の叙勲は、中世の騎士道の慣例に由来し、その授与式では昔の慣例に倣って、君主が受章者の肩に剣で軽く触れる儀式（Accolade）が行われます。

ナイト爵に含まれる勲章の種類は次のとおりです。

①最高貴ガーター勲章（The Most Noble Order of the Garter）１３４８年、エドワード三世によって創設されました。単一級で、対象となるのは英国王室、外国君主、貴族、公職の高官を務めた者。選考は女王の人選によります。

②最古最高貴シスル勲章（The Most Ancient and Most Noble Order of the Thistle）15世紀に制定され、１７０３年に再制定。単一級で、定数21人。

③最高名誉バス勲章（The Most Honourable Order of the Bath）１７２５年、ジョージ一世が創設。３等級で、国王に対して優れた功績を挙げた者に授与。

④功績勲章（The Order of Merit）１９０２年、エドワード七世が創設。単一級で定数は最高24人。軍功あるいは芸術、文化、科学の向上に功績のあった者に授与。

⑤最優秀聖ミカエル・聖ジョージ勲章（The Most Distinguished Order of St.Michael and St.George）１８１８年に創設。３等級で、外国での殊勲、外交や通商関係の功労があった者に授与されます。

⑥王室ビクトリア勲章（The Royal Victorian Order）１８６５年、ビクトリア女王が創設。５等級で、対象は王室職員又は君主の公式記録係など王室に対して功績があった者に授与されます。

⑦王室ビクトリア鎖（The Royal Victorian Chain）１９０２年、エドワード七世が創設。単一級で、対象者は、王室のメンバーと外国の君主。

⑧大英勲章（The Most Excellent Order of the British Empire）１９１７年、ジョージ五世が創設。５等級

で、授与数には制限があり、各等級で軍人と文人別に毎年の最高定数が定められます。対象となるのは、公職その他の分野で優れた功績を残した者、国家に貢献した者に、外国人も含めて最も一般的に与えられている勲章です。

(2) フランス共和国

フランスの勲章は、現在は「レジオン・ド・ヌール勲章」と「国家功績勲章」の二つです。レジオン・ド・ヌール勲章は、１８０２年にナポレオン一世が創設しました。その後、１８０５年に4等級を5等級に改め、１８１６年には、各等級の名称を改めています。国家功績勲章は１９６３年、ドゴール大統領が各省庁が授与していた各種勲章を一元化して創設されたものです。

① レジオン・ド・ヌール勲章（L'Ordre National de La Légion d'Honneur）　等級は5等級で、大十字型章、グラン・オフィシエ章、コマンドール章、オフィシエ章、シュバリエ章です。授与権者は大統領で、1月1日、復活祭、7月14日の革命記念日に授与されます。各等級ごとの授与の定数は、大統領令で向こう3年の年間定数を定めています。国に対して特に優れた功績を挙げた者に授与され、外国人も授与対象になり、日本人（中曽根康弘氏、豊田章一郎氏など）も授与されています。外国人の場合、フランス又はフランスが擁護する大義に対し際立った貢献をした者が対象になります。フランス人が受章する場合は、必ず下位の勲章を受章した後に昇級していく必要があります。

② 国家功績勲章（L'Ordre National du Mérite）　１９６３年12月3日創設。等級は5等級で、階級の名称は

レジオン・ド・ヌールと同じです。授与権者は大統領で、授与数は大統領令により向こう3年間の年間定員を定めることとなっています。授与対象者は、民事又は軍事の公務若しくは民間活動の実施における際だった功績を挙げた者で、フランスに対する功績を挙げた外国人にも授与されます。

大統領から授与されるこれらの勲章のほかに、日本の芸術家、滝沢直己氏（ファッション・デザイナー）、大友克洋氏（漫画家）も受章している文化省から授与される芸術文化勲章（L'Ordre des Arts et des Lettres）などがあります。

（3）ドイツ連邦共和国

ドイツにおいては、ワイマール共和国時代（１９１９年～１９３３年）には、憲法により勲章の授受を禁止していました。ヒトラーが政権を取ると１９３３年4月に勲章法を制定し勲章を多数授与しました。第二次大戦後、ヒトラー時代に対する批判から勲章制度も凍結されていましたが、１９５１年、テオドア・ホイス大統領は、国家と国民の結びつきを強め、国家モラルの高揚に資するものとして勲章制度を再開しました。

ドイツ共和国功労勲章（Verdienstorden der Bundesrepublik Deutschland）は１９５５年、「ドイツ連邦共和国功績勲章規約」により定められ、以降4回の制度改正を経て現行の制度になっています。

授与権者は連邦大統領で、大十字章が2等級、大功績十字章が3等級、功績十字章が2等級、功績記章が単一級として計8等級に分かれています。

年間の授与件数は６０００～７０００件で、功績十字章以上の授与は原則として年齢40歳以上の者が対象となり、下位の勲章から上位の勲章へと昇級していくこととなっています。最上位の特別級大十字章は、国家元首のみ授与されます。

（4）イタリア共和国

第二次世界大戦前、イタリアは王政であり、多数の勲章がありましたが、１９４６年に共和国となった後、１９５１年に法律により、既存の勲章が廃止され、イタリア共和国功績勲章（L’Ordine al Merito della Republica Italiana）が制定されました。

授与権者は大統領で、6月2日の共和国建国記念日と12月27日の共和国憲法発布記念日の年2回授与されます。年間の叙勲数は、閣議及び勲章評議会の意見を聞き、首相が提案し大統領令により定められます。

勲章は実質的に5等級で、カバリエーレ大十字型章、グランデ・ウフィチアーレ章、コメンダトーレ章、ウフィチアーレ章、カバリエーレ章で、最高級勲章として大頸飾章があります。

イタリア人、外国人を問わず、科学、文学、芸術、経済の分野、公職、社会活動、慈善活動、人道主義的活動の遂行、公務、軍務において国家に貢献した者が対象になります。最高位の大頸飾章は、カバリエーレ大十字型章受章者の中で大きな功績があった者に授与されると規定されていますが、実際の運用では国家元首のみに授与されています。

(5) スペイン

スペイン国王及びスペイン政府から授与される勲章は、次のものがあります。金羊章、カルロス三世栄誉勲章、イサベル女王勲章、聖ライムンド・デ・ペニャフォルト勲章、文民功労勲章、民間慈善勲章、民間保健勲章、アルフォンソ十世勲章、電気通信功労勲章、農業・漁業・食糧功労勲章、陸軍功労勲章、海軍功労勲章、空軍功労勲章の13種類です。

これらのうち、主だったものは次のとおりです。

① 金羊章（Toison de Oro） スペインの最高勲章で、1429年、ブルゴーニュのフェリペ王がポルトガル王女との結婚を記念するとともに、キリスト教を保護するため創設されました。単一級で、授与の対象は王族であり、授与権者は国王です。現在は王室間の友情の絆として与えられます。

② カルロス三世栄誉勲章（Muy Distinguida Orden de Carlos Ⅲ） 1771年、カルロス三世が王子の誕生を記念して創設しました。金羊章及び軍人にのみ与えられる勲章を除き、スペインの勲章の中では最もランクが高いものです。授与権者は首相で、国王の誕生日（1月5日）と国王の命名日（6月24日）に定期叙勲が行われ、その他にも適宜叙勲が行われます。5等級で、頸飾章、大十字型章、上級エンコミエンダ章、エンコミエンダ章、カバジェーロ十字型章となっています。

③ イサベル女王勲章（Orden de Isabel la Católica） 1815年3月24日、フェルナンド七世が王政復古及びイサベル女王の功績をたたえて創設しました。授与権者は外務大臣で、国王の誕生日（1月5日）と国王の命名日（6月24日）に定期叙勲が、その他にも適宜叙勲が行われます。対象者は、スペイン

に貢献した軍人を除く内・外国人です。９等級で、頸飾章、大十字型章、上級エンコミエンダ章、エンコミエンダ章、オフィシアル十字型章、カバジェーロ十字型章、銀十字型章、銀メダル、銅メダルがあります。

(6) アメリカ合衆国

アメリカにおいては、軍人に対する勲章は多数存在しますが、民間人に対して授与される勲章は、大統領自由記章（Presidential Medal of Freedom）だけです。大統領自由記章は単一級で、実施時期は特に定められておらず、数も固定されていません。アメリカの国家安全保障、世界平和、文化などの分野で特に顕著な功績のあった内・外国人を対象としています。

文化勲章受章者一覧

文化勲章は昭和12年から発令され、平成25年までで３７４人の方々に授与されています。ここでは平成元年からの受章者の方々について、専攻の分野、お名前、官職等を紹介します。

専攻	氏名	官職
第51回　平成元年11月3日発令		
日本画	**片岡球子**	日本芸術院会員
商法学	**鈴木竹雄**	日本学士院会員・東京大学名誉教授
彫刻	**富永良雄（直樹）**	日本芸術院会員
電子工学	**西澤潤一**	東北大学教授
洋画	**吉井淳二**	日本芸術院会員
第52回　平成2年11月3日発令		
日本法制史	**石井良助**	日本学士院会員・東京大学名誉教授
国文学	**市古貞次**	日本学士院会員・東京大学名誉教授

邦舞	片山愛子（四世 井上八千代）	日本芸術院会員
書	金子賢藏（鷗亭）	
物理化学	長倉三郎	日本学士院会員・総合研究大学院大学長・東京大学名誉教授
第53回　平成3年11月3日発令		
電子工学	猪瀬　博	学術情報センター所長・東京大学名誉教授
アジア考古学	江上波夫	古代オリエント博物館長・東京大学名誉教授
工芸（鋳金）	蓮田修吾郎	日本芸術院会員・東京芸術大学名誉教授
洋画	福澤一郎	
現代演劇・映画・放送	森繁久彌	
第54回　平成4年11月3日発令		
書	青山文雄（杉雨）	日本芸術院会員
電子技術	井深　大	
西洋経済史	大塚久雄	日本学士院会員・東京大学名誉教授
日本画	佐藤　實（太清）	日本芸術院会員
構造化学	森野米三	日本学士院会員・東京大学名誉教授

専攻	氏名	官職
第55回　平成5年11月3日発令		
商法・経済法	**大隅健一郎**	日本学士院会員・京都大学名誉教授・神戸学院大学名誉教授
宇宙物理学	**小田　稔**	日本学士院会員・東京大学名誉教授・宇宙科学研究所名誉教授
工芸（彫金）	**帖佐良行（美行）**	日本芸術院会員
小説	**福田定一（司馬遼太郎）**	日本芸術院会員
洋画	**森田　茂**	日本芸術院会員
第56回　平成6年11月3日発令		
洋楽（指揮）	**朝比奈　隆**	大阪音楽大学名誉教授
日本画	**岩橋英遠（英遠）**	日本芸術院会員・東京芸術大学名誉教授
民族学	**梅棹忠夫**	国立民族学博物館名誉教授
鉄道工学	**島　秀雄**	元日本国有鉄道理事技師長・宇宙開発事業団顧問
栄養化学・食糧科学	**満田久輝**	日本学士院会員・京都大学名誉教授
第57回　平成7年11月3日発令		
小説	**遠藤周作**	日本芸術院会員
工芸（漆芸）	**佐治　正（賢使）**	日本芸術院会員

刑事法学	團藤重光	日本学士院会員・東京大学名誉教授・元最高裁判所判事
ウイルス学・腫瘍学	花房秀三郎	ロックフェラー大学教授
西洋経済史	増田四郎	日本学士院会員・一橋大学名誉教授
第58回　平成8年11月3日発令		
陶芸	浅蔵与作（五十吉）	日本芸術院会員
洋画	伊藤清永	日本芸術院会員
神経生理学・神経科学	伊藤正男	日本学士院会員・日本学術会議会長・東京大学名誉教授
日本史学	竹内理三	日本学士院会員・東京大学名誉教授
服飾デザイン	森　英恵	
第59回　平成9年11月3日発令		
理論経済学	宇澤弘文	日本学士院会員・中央大学教授・東京大学名誉教授
素粒子実験	小柴昌俊	東京大学名誉教授
茶道	千　宗室	
漆芸	髙橋節郎	日本芸術院会員・東京芸術大学名誉教授
有機合成化学	向山光昭	日本学士院会員・東京理科大学教授・東京大学名誉教授・東京工業大学名誉教授

専攻	氏名	官職
第60回　平成10年11月3日発令		
建築	蘆原義信	日本芸術院会員・武蔵野美術大学名誉教授・東京大学名誉教授
免疫学	岸本忠三	日本学士院会員・大阪大学長
日本画・文化財保護・国際交流	平山郁夫	東京芸術大学名誉教授
書	村上正一（三島）	日本芸術院会員
東洋史学	山本達郎	日本学士院会員・東京大学名誉教授
第61回　平成11年11月3日発令		
小説	阿川弘之	日本芸術院会員
日本画	秋野ふく（不矩）	京都市立芸術大学名誉教授
英米法・憲法	伊藤正己	日本学士院会員・東京大学名誉教授・元最高裁判所判事
日本文化研究	梅原　猛	国際日本文化研究センター名誉教授・京都市立芸術大学名誉教授
生物有機化学・地球環境生物科学	田村三郎	日本学士院会員・東京大学名誉教授

第62回　平成12年11月3日発令

現代中国研究・学術振興	石川忠雄	慶應義塾大学名誉教授
皮革工芸	大久保ふく（婦久子）	
物質科学	白川英樹	筑波大学名誉教授
書（仮名）	杉岡正美（華邨）	大阪教育大学名誉教授
有機化学	野依良治	名古屋大学教授
演劇・映画	山田美津（五十鈴）	

第63回　平成13年11月3日発令

分子エレクトロニクス	井口洋夫	日本学士院会員・東京大学名誉教授・岡崎国立共同研究機構分子科学研究所名誉教授・宇宙開発事業団宇宙環境利用研究システム長
ウイルス学	豊島久真男	日本学士院会員・東京大学名誉教授・大阪大学名誉教授
社会人類学	中根千枝	日本学士院会員・東京大学名誉教授
日本画・古画再現	守屋　正（多々志）	
彫刻	淀井敏夫	日本芸術院会員・東京芸術大学名誉教授

第64回　平成14年11月3日発令

国際経済学	小宮隆太郎	日本学士院会員・青山学院大学教授・東京大学名誉教授

専攻	氏名	官職
航空宇宙工学・応用数学・環境科学・学術振興	近藤次郎	東京大学名誉教授・元日本学術会議会長
映画	新藤兼登（兼人）	
小説	杉本苑子	
質量分析学	田中耕一	（株）島津製作所フェロー
工芸（硝子）	藤田喬平	日本芸術院会員
第65回　平成15年11月3日発令		
詩・評論	大岡　信	日本芸術院会員
政治学・国際活動・国際貢献	緒方貞子	上智大学名誉教授・前国際連合難民高等弁務官・国際協力機構理事長
日本画	加山又造	東京芸術大学名誉教授
素粒子物理学	西島和彦	日本学士院会員・東京大学名誉教授・京都大学名誉教授
病理学・科学技術・学術振興	森　亘	日本学士院会員・東京大学名誉教授
第66回　平成16年11月3日発令		
歌舞伎	青木清治（四代目 中村雀右衛門）	日本芸術院会員

書（篆刻）	小林庸浩（斗盦）	日本芸術院会員
中国古代文化	白川　静	立命館大学名誉教授
宇宙線天文学	戸塚洋二	高エネルギー加速器研究機構長
日本画	福王寺雄一（法林）	日本芸術院会員
第67回　平成17年11月3日発令		
陶芸	青木久重（龍山）	日本芸術院会員
アメリカ政治外交史	齋藤　眞	日本学士院会員・東京大学名誉教授
農業工学	沢田敏男	日本学士院会員・京都大学名誉教授
内科学・看護教育・医療振興	日野原重明	聖路加国際病院理事長・聖路加看護学園理事長
大衆演劇	村上美津（森光子）	
第68回　平成18年11月3日発令		
高温工学・溶接工学	荒田吉明	日本学士院会員・大阪大学名誉教授
日本画	大山忠作	日本芸術院会員
日本経済論	篠原三代平	一橋大学名誉教授・東京国際大学名誉教授
小説	瀬戸内寂聴	
音楽評論	吉田秀和	

専攻	氏名	官職
第69回　平成19年11月3日発令		
発生生物学	**岡田節人**	京都大学名誉教授　基礎生物学研究所名誉教授
狂言	**茂山七五三（茂山千作）**	日本芸術院会員
有機化学	**中西香爾**	コロンビア大学名誉教授
彫刻	**中村晉也（中村晋也）**	日本芸術院会員　鹿児島大学名誉教授
民事訴訟法学・裁判法学	**三ケ月　章**	日本学士院会員　東京大学名誉教授
第70回　平成20年11月3日発令		
数学	**伊藤　清**	日本学士院会員　京都大学名誉教授
指揮	**小澤征爾**	ウィーン国立歌劇場音楽監督
素粒子物理学	**小林　誠**	(独)日本学術振興会理事 高エネルギー加速器研究機構名誉教授
海洋生物学	**下村　脩**	ボストン大学名誉教授
小説	**田邉聖子（田辺聖子）**	
日本文学	**ドナルド・キーン**	日本学士院客員　コロンビア大学名誉教授
スポーツ	**古橋廣之進**	元(財)日本オリンピック委員会会長 日本大学名誉教授
素粒子物理学	**益川敏英**	京都産業大学教授　京都大学名誉教授

第71回　平成21年11月3日発令

材料科学	飯島澄男	名城大学教授　日本電気㈱特別主席研究員
古典落語	中川　清（桂　米朝）	
歌舞伎	林　宏太郎（坂田藤十郎）	日本芸術院会員
社会経済史・歴史人口学	速水　融	日本学士院会員　慶應義塾大学名誉教授
ウイルス学	日沼頼夫	京都大学名誉教授

第72回　平成22年11月3日発令

原子核物理学・学術振興	有馬朗人	東京大学名誉教授　㈶日本科学技術振興財団会長
建築	安藤忠雄	
有機合成化学	鈴木　章	北海道大学名誉教授
演劇	蜷川幸雄	
有機合成化学	根岸英一	パディー大学特待教授
服飾デザイン	三宅一生	
日本中世史	脇田晴子	石川県立歴史博物館長　滋賀県立大学名誉教授 城西国際大学客員教授

専攻	氏名	官職
第73回　平成23年11月3日発令		
半導体電子工学	**赤﨑　勇**	名城大学教授　名古屋大学特別教授・名誉教授
陶芸	**奈良年郎（大樋年朗）**	日本芸術院会員
小説	**根村才一（丸谷才一）**	日本芸術院会員
日本政治外交史	**三谷太一郎**	日本学士院会員　東京大学名誉教授
分子遺伝学・分子生理学	**柳田充弘**	沖縄科学技術研究基盤整備機構ユニット代表研究者　京都大学名誉教授
第74回　平成24年11月3日発令		
国際法学・国際貢献	**小田　滋**	日本学士院会員　東北大学名誉教授
美術評論・文化振興	**高階秀爾**	
日本画	**松尾敏男**	日本芸術院会員
植物分子細胞生物学・植物バイオテクノロジー	**山田康之**	日本学士院会員　京都大学名誉教授
映画	**山田洋次**	日本芸術院会員
幹細胞生物学	**山中伸弥**	京都大学 iPS細胞研究所長
第75回　平成25年11月3日発令		
電子工学	**岩崎俊一**	日本学士院会員　東北工業大学理事長　東北大学名誉教授

映画	小田剛一（高倉　健）	
書	高木郁太（高木聖鶴）	
日本文学・比較文学	中西　進	富山県立高志の国文学館長 国際日本文化研究センター名誉教授
医化学・分子免疫学	本庶　佑	日本学士院会員　静岡県公立大学法人理事長 京都大学客員教授

2　褒章について

褒章については、社会の各分野における優れた事績、行いを顕彰するものとして、年齢にとらわれることなく速やかに顕彰することを基本とし、次に掲げるような運用の改革を進め、積極的に活用する。

①　従来運用されていない緑綬褒章をボランティア活動などで顕著な実績のある個人等に授与する。

②　自己の危難を顧みず人命救助に取り組んだ者に対して、紅綬褒章の授与の要件を緩和して、幅広く授与する。

③　黄綬褒章については、第一線で業務に精励している者で、他の模範となるような技術や事績を有するものを対象とし、受章者数の増加を図る。

④　公衆の利益を興した者に対する藍綬褒章の選考に当たっては、他の模範となるような優れた業績が認められる者を対象とする。また、従来公同の事務とされている分野について運用の見直しを行い、勲章の対象との関係を整理する。

⑤　紫綬褒章については、年齢制限を撤廃し、科学技術分野における発明・発見や、学術及びスポーツ・芸術分野における優れた業績等に対して、速やかに表彰する。

3　その他

(1)　各府省、地方公共団体における候補者の選考に当たって、一般からの推薦を可能とする仕組みを検討する。

(2)　国際的な災害救助活動などに参加した者に対して、その事績を表彰するため、記章等を活用することについて検討する。

4　実施時期

勲章及び褒章の改革については、平成15年秋の叙勲及び褒章を目途に実施する。

勲章の授与基準

平成15年5月20日
閣議決定
最終改正　平成18年12月26日

勲章は、別に定める場合を除き、この基準に従って授与するものとする。

第一　基本的事項

1　勲章は、国家又は公共に対し功労のある者を広く対象として、その功労の質的な違いに応じて旭日章又は瑞宝章のいずれかを授与するものとする。

2　旭日章は、社会の様々な分野における功績の内容に着目し、顕著な功績を挙げた者を表彰する場合に授与するものとし、第二（授与基準）第1項第3号に掲げる職にあって顕著な功績を挙げた者を表彰する場合のほか、次の各号に掲げる者を表彰する場合に授与するものとする。ただし、長年にわたり積み重ねられた功労を主たる功労とする者を表彰する場合を除く。

(1)　国際社会の安定及び発展に寄与した者
(2)　適正な納税の実現に寄与した者
(3)　学校教育又は社会教育の振興に寄与した者
(4)　文化又はスポーツの振興に寄与した者
(5)　科学技術の振興に寄与した者
(6)　社会福祉の向上及び増進に寄与した者
(7)　国民の健康又は公衆衛生の向上及び増進に寄与した者
(8)　労働者の働く環境の整備に寄与した者

(9) 環境の保全に寄与した者

(10) 農業、林業、水産業、商業、鉱業、工業、情報通信業、建設業、不動産業、金融・保険業、サービス業等の業務に従事し、経済及び産業の発展を図り公益に寄与した者

(11) 弁護士、公認会計士、弁理士等の業務に従事し、公益に寄与した者

(12) 新聞、放送その他報道の業務に従事し、公益に寄与した者

(13) 電気事業、ガス事業、運輸事業等の公益的事業に従事し、公衆の福祉の増進に寄与した者

(14) 前各号に掲げる者以外の者であって、公益に寄与したもの

3　瑞宝章は、国及び地方公共団体の公務又は次の各号に掲げる公共的な業務に長年にわたり従事して功労を積み重ね、成績を挙げた者を表彰する場合に授与するものとする。

(1) 学校において教育又は研究に直接携わる業務

(2) 各種施設において社会福祉に直接携わる業務

(3) 医療又は保健指導に直接携わる業務

(4) 調停委員、保護司、民生委員など国又は地方公共団体から委嘱される業務

(5) 著しく危険性の高い業務

(6) 精神的又は肉体的に著しく労苦の多い環境における業務

(7) 前各号に掲げるもののほか、人目に付きにくい分野における業務

4　旭日章又は瑞宝章のいずれの勲章を授与するかの決定は、主たる功労がいずれに該当するかにより行うものとし、授与すべき具体の勲章は、その者の功労全体を総合的に評価して決定するものとする。

前項に掲げる業務に長年にわたり従事した者が、その業務に継続して、又はその業務に関連して旭日章の対象となる顕著な功績を挙げた場合においても、瑞宝章を授与するものとする。

5　第二（授与基準）第1項第3号から第5号まで並びに第2項第3号及び第4号の規定にかかわらず、特に著しい功労のある者に対しては、より上位の勲章の授与を検討することができるものとする。

旭日大綬章又は瑞宝大綬章を授与されるべき功労より優れた功労のある者に対しては、第1項の規定にかかわらず、桐花大綬章又は大勲位菊花大綬章を特に授与することができるものとする。

第二　授与基準

1　旭日章の授与基準

(1) 旭日章は、旭日大綬章、旭日重光章、旭日中綬章、旭日小綬章、旭日双光章又は旭日単光章のいずれかを授与するものとする。この場合において授与する勲章は、功績内容の重要性及び影響の大きさ、その者の果たした責任の大きさ等について評価を行い、特に高く評価される功績を挙げた者に対しては旭日重光章以上、高く評価される功績を挙げた者に対しては旭日小綬章以上、その他の者に対しては旭日単光章以上とする。

(2) 前号の功績の評価に当たっては、その者の果たした職務の重要度等の客観的指標を考慮して適正に調整するものとする。

(3) 次の各号に掲げる者に対して授与する勲章は、それぞれ当該各号に掲げるものを標準とする。なお、その者の功績全体を総合的に評価して、より上位の勲章の授与を検討することができるものとする。

ア　内閣総理大臣、衆議院議長、参議院議長又は最高裁判所長官の職にあって顕著な功績を挙げた者　旭日大綬章

イ　国務大臣、内閣官房副長官、副大臣、衆議院副議長、参議院副議長又は最高裁判所判事の職（これらに準ずる職を含む。）にあって顕著な功績を挙げた者　旭日重光章又は旭日大綬章

ウ　大臣政務官、衆議院常任委員長、参議院常任委員長、衆議院特別委員長、参議院特別委員長又は国会議員の職（これらに準ずる職を含む。）にあって顕著な功績を挙げた者　旭日中綬章又は旭日重光章

エ　都道府県知事の職にあって顕著な功績を挙げた者　旭日中綬章又は旭日重光章

地方自治法（昭和22年法律第67号）第２５２条の19第1項の指定都市の市長の職にあって顕著な功績を挙げた者　旭日小綬章、旭日中綬章又は旭日重光章

指定都市以外の市の市長又は特別区の区長の職にあって顕著な功績を挙げた者　旭日双光章、旭日小綬章又は旭日中綬章

町村長の職にあって顕著な功績を挙げた者　旭日単光章、旭日双光章又は旭日小綬章

オ　都道府県議会議員、市議会議員又は特別区の議会議員の職にあって顕著な功績を挙げた者　旭日単光章、旭日双光章、旭日小綬章又は旭日中綬章

町村議会議員の職にあって顕著な功績を挙げた者　旭日単光章又は旭日双光章

(4)ア　職種別、業種別の団体その他の公益性を有する各種団体の役員（以下「団体役員」という。）を務め公益に寄与した者の功績の評価に当たっては、次の各号に掲げる事項を総合的に勘案して行うものとする。

(ア)　その者の当該団体における役割及び活動内容

(イ)　当該団体の活動の範囲、重要性及び与える影響の大きさ

(ウ)　その他特に考慮すべき事項

イ　団体役員のうち、次の各号に掲げる者に対して授与する勲章は、それぞれ当該各号に掲げるものを標準とする。なお、その者の功績全体を総合的に評価して、より上位の勲章の授与を検討することができるものとする。

(ア)　全国の区域を活動範囲としている団体のうちその活動が重要であり、かつ、影響が大きいものの長として顕著な功績を挙げた者　旭日中綬章又は旭日重光章

(イ)　全国の区域を活動範囲としている団体の長として顕著な功績を挙げた者　旭日小綬章又は旭日中綬章

(ウ)　都道府県の区域を活動範囲としている団体のうちその活動が重要であり、かつ、影響が大きいものの長として顕著な功績を挙げた者　旭日小綬章

(エ)　都道府県の区域を活動範囲としている団体の長として顕著な功績を挙げた者　旭日双光章

(オ)　全国又は都道府県の区域を活動範囲としている団体の役員（長を除く。）として顕著な功績を挙げた者　旭日双光章

(カ)　市町村の区域を活動範囲としている団体のうちその活動が重要であり、かつ、影響が大きいものの長として顕著な功績を挙げた者　旭日双光章

(キ)　市町村の区域を活動範囲としている団体の長として顕著な功績を挙げた者　旭日単光章

(5)ア　企業の経営者として経済社会の発展に寄与した者の功績の評価に当たっては、次の各号に掲げる事項を総合的に勘案し

て行うものとする。

(ア) その者の当該企業における経営責任の大きさ

(イ) その者の当該企業における業績伸張、経営効率化及び技術開発に果たした役割

(ウ) その者の業界団体役員等として産業振興等に果たした役割

(エ) 当該企業の経済界、産業界及び地域社会における貢献

(オ) 当該企業の環境保全、文化芸術、社会福祉、国際交流等における貢献

(カ) その他特に考慮すべき事項

イ　次の各号に掲げる者に対して授与する勲章は、それぞれ当該各号に掲げるものを標準とする。なお、その者の功績全体を総合的に評価して、より上位の勲章の授与を検討することができるものとする。

(ア) 経済社会の発展に対する寄与が極めて大きい企業において経営の最高責任者として顕著な功績を挙げたもの　旭日重光章

(イ) 経済社会の発展に対する寄与が特に大きい企業において経営の最高責任者として顕著な功績を挙げたもの　旭日中綬章

(ウ) 経済社会の発展に対する寄与が大きい企業において経営の最高責任者として顕著な功績を挙げたもの　旭日小綬章又は旭日中綬章

(エ) (ア)から(ウ)までに掲げる者のほか、国際的に高い評価を得た企業、技術が特に優秀な企業等において経営の最高責任者として顕著な功績を挙げたもの　旭日双光章又は旭日小綬章

2　瑞宝章の授与基準

(1) 瑞宝章は、瑞宝大綬章、瑞宝重光章、瑞宝中綬章、瑞宝小綬章、瑞宝双光章又は瑞宝単光章のいずれかを授与するものとする。この場合において授与する勲章は、その者の果たした職務の複雑度、困難度、責任の程度等について評価を行い、特に重要と認められる職務を果たし成績を挙げた者に対しては瑞宝重光章以上、重要と認められる職務を果たし成績を挙げた者

に対しては瑞宝小綬章以上、その他の職務を果たし成績を挙げた者に対しては瑞宝単光章以上とする。

(2) 瑞宝章の授与は、形式的な職務歴により等しく行うものではなく、他の模範となる成績を挙げた者に対象を限り行うものとする。

(3) 一般行政事務に長年従事し成績を挙げた者のうち次の各号に掲げる者に対して授与する勲章は、それぞれ当該各号に掲げるものを標準とし、その他の者に対してはこれらの者との均衡を考慮して相当と認められる勲章を授与するものとする。なお、その者の功労全体を総合的に評価して、より上位の勲章の授与を検討することができるものとする。

ア 事務次官の職を務めた者　瑞宝重光章

イ 内部部局の長の職を務めた者　瑞宝中綬章

ウ 本府省の課長の職を務めた者　瑞宝小綬章

(4) 一般行政事務以外の国又は地方公共団体の公務等に長年従事し成績を挙げた者に対しては、前号に準じて相当と認められる勲章を授与するものとする。

(5) 勲章の授与に必要とされる職務従事期間は、その職務の重要度等を考慮し、適正に調整するものとする。

第三　緊急に勲章を授与する場合

次の各号の一に該当する者に対しては、その功績の内容等を勘案し相当の旭日章を緊急に授与するものとする。

(1) 風水害、震火災その他非常災害に際し、身命の危険を冒して、被害の拡大防止、救援又は復旧に努め、顕著な功績を挙げた者

(2) 身命の危険を冒して、現行犯人の逮捕等犯罪の予防又は鎮圧に顕著な功績を挙げた者

(3) 生命の危険を伴う公共の業務に従事し、その職に殉じた者

(4) その他特に顕著な功績を挙げて、緊急に勲章を授与することを必要とする者

附則

1　皇族及び外国の君主、大統領、外交使節等に対する勲章の授与については、従前の例によるものとする。

2　文化勲章を授与された者に対しては、その授与に当たり評価された功績をもって、この基準による勲章は授与しないものとする。

3　功労を表彰する方法として、勲章を授与することより、銀杯又は木杯を授与することがふさわしいと認められる者には、勲章に代えて銀杯又は木杯を授与することができるものとする。

4　叙勲基準（昭和39年4月21日閣議決定）は、廃止する。